21世纪高等开放教育系列教材

形势与政策学习指导

主　编　詹德村

副主编　袁兆文　王燕军　杜　潇

最新版

中国人民大学出版社

·北京·

图书在版编目（CIP）数据

形势与政策学习指导 / 詹德村主编 . -- 北京：中国人民大学出版社，2020.8
21 世纪高等开放教育系列教材
ISBN 978-7-300-28429-3

Ⅰ. ①形… Ⅱ. ①詹… Ⅲ. ①时事政策教育—高等学校—教材 Ⅳ. ① G641.4

中国版本图书馆 CIP 数据核字（2020）第 139373 号

21 世纪高等开放教育系列教材
形势与政策学习指导
主　编　詹德村
副主编　袁兆文　王燕军　杜　潇
Xingshi yu Zhengce Xuexi Zhidao

出版发行	中国人民大学出版社		
社　　址	北京中关村大街 31 号	**邮政编码**	100080
电　　话	010－62511242（总编室）		010－62511770（质管部）
	010－82501766（邮购部）		010－62514148（门市部）
	010－62515195（发行公司）		010－62515275（盗版举报）
网　　址	http://www.crup.com.cn		
经　　销	新华书店		
印　　刷	天津中印联印务有限公司		
规　　格	185mm×260mm　16 开本	**版　　次**	2020 年 8 月第 1 版
印　　张	10.5	**印　　次**	2022 年 8 月第 12 次印刷
字　　数	172 000	**定　　价**	29.00 元

序 言

PREFACE

“形势与政策”课是理论武装时效性、释疑解惑针对性、教育引导综合性都很强的一门高校思想政治理论课，是帮助大学生正确认识新时代国内外形势，深刻领会党的十八大以来党和国家事业取得的历史性成就、发生的历史性变革、面临的历史性机遇和挑战的核心课程，是第一时间推动党的理论创新成果进教材进课堂进学生头脑，引导大学生准确理解党的基本理论、基本路线、基本方略的重要渠道。为深入学习贯彻党的十九大精神，深入贯彻落实习近平总书记关于加强和改进高校思想政治工作的重要论述和中共中央、国务院《关于加强和改进新形势下高校思想政治工作的意见》精神，教育部于 2018 年 4 月印发了《教育部关于加强新时代高校“形势与政策”课建设的若干意见》(教社科 [2018]1 号)，对新时代高等学校开展“形势与政策”课的教学作了详细规定。

1. 切实加强教学管理。要将“形势与政策”课纳入思想政治理论课管理体系，由学校思想政治理论课教学科研二级机构统一组织开课、统一管理任课教师，党委宣传部、党委学生工作部、教务处等相关部门配合做好教学管理工作。要设置“形势与政策”课教研室，定期组织任课教师开展集体备课，确定教学专题、明确教学重点、研制教学课件、规范教学要求。

2. 充分保证规范开课。要将“形势与政策”课纳入学校教学计划，严格落实“形势与政策”课的学分。要保证本、专科学生在校学习期间开课不断线。本科每学期不低于 8 学时，共计 2 学分；专科每学期不低于 8 学时，共计 1 学分。各高校应结合实际和学生需求，开设形势与政策教育类的选修课，完善思想政治理论教育课程体系，发挥“课程思政”作用。

3. 准确把握教学内容。要紧密围绕学习贯彻习近平新时代中国特色社会主义思想，把坚定“四个自信”贯穿教学全过程，重点讲授党的理论创新最新成果，重点讲授新时代坚持和发展中国特色社会主义的生动实践，引导学生正确认识世界和中国发展大势，正确认识中国特色和国际比较，正确认识时代责任和历史使命，正确认识远大抱负和脚踏实地。要开设好全面从严治党形势与政策的专题，重点讲授党的政治建设、思想建设、组织建设、作风建设、纪律建设以及贯穿其中的制度建设的新举措新成效；开设好我国经济社会发展形势与政策的专题，重点讲授党中央关于经济建设、政治建设、文化建设、社会建设、生态文明建设的新决策新部署；开设好港澳台工作形势与政策的专题，重点讲授坚持“一国两制”、推进祖国统一的新进展新局面；开设好国际形势与政策专题，重点讲授中国坚持和平发展道路、推动构建人类命运共同体的新理念新贡献。各高校依据教育部每学期印发的《高校“形势与政策”课教学要点》安排教学。要根据形势发展要求和学生特点有针对性地设置教学内容，及时回应学生关注的热点问题。

4. 规范建设教学资源。教育部组织力量、协调资源加强“全国高校思想政治理论课教师网络集体备课平台”建设，各高校要积极参与、共建共享，共同打造“形势与政策”课教学优质资源。各地各高校可结合实际，编写“形势与政策”课教学辅助资料，原则上各地组织编写的教学辅助资料由地方党委宣传、教育工作部门负责审定，各高校组织编写的教学辅助资料由学校党委负责审定。

5. 择优遴选教师队伍。要配备高素质专职教师负责“形势与政策”课组织工作，并承担一定的教学和科研任务。坚持高标准，按照“优中选优”原则，从思想政治理论课教师、哲学社会科学专业课教师、高校辅导员等教师队伍中择优遴选“形势与政策”课骨干教师。实行“形势与政策”课特聘教授制度，分层建立特聘教授专家库，选聘社科理论界专家、企事业单位负责人、各行业先进模范等参与“形势与政策”课教学。积极邀请党政领导干部上讲台讲“形势与政策”课。要完善“形势与政策”课教学评议制度，探索实行教师退出机制。

6. 创新设计教学方式。要坚持马克思主义立场、观点和方法，结合中华民族发展史、中国共产党史、中华人民共和国史、改革开放史和世界社会主义发展史，结合大学生思想实际，科学分析当前形势与政策，准确阐释习近平新时代中国特色社会主义思想。可采取灵活多样的方式组织课堂教学，积极运用现代信息技术手段，扩大优质课程的覆盖面，提升“形势与政策”课教学效果。

7. 注重考核学习效果。要保证课程覆盖所有在校本专科生，学生听课要涵盖教学内容中的四大类专题。成绩考核以提交专题论文、调研报告为主，重点考核学生对马克思主义中国化最新成果的掌握水平，考核学生对新时代中国特色社会主义实践的了解情况。按照学期进行考核，缺课学生要及时补课，各学期考核的平均成绩为该课程最终成绩，一次计入成绩册。

为更好地开展“形势与政策”课教学，我们组织编写了本教材。在编写的过程中，以习近平新时代中国特色社会主义思想为指导，严格落实《教育部关于加强新时代高校“形势与政策”课建设的若干意见》精神，注重思想性、时效性、针对性等，期待助力提升教学效果。在本书编写过程中，引用借鉴了国内许多专家学者的研究成果，谨以致谢。由于水平有限，不足之处在所难免，敬请指正。

本书编写组

2020 年 6 月

目录

CONTENTS

专题一

新时代　新梦想　新征程

中国特色社会主义新时代，是在新的历史条件下继续夺取中国特色社会主义伟大胜利的时代，是决胜全面建成小康社会、进而全面建设中国社会主义现代化强国的时代，是全国人民创造美好生活、逐步实现共同富裕的时代，是全体中华儿女勠力同心、奋力实现中华民族伟大复兴的时代，是中国日益走近世界舞台中央、不断为人类作出更大贡献的时代。习近平新时代中国特色社会主义思想，是马克思主义中国化最新成果，是中国特色社会主义理论体系的重要组成部分，是全党全国各族人民为实现中华民族伟大复兴而奋斗的行动指南，是引领中国特色社会主义新时代的旗帜和灵魂。党的十九大站在党和国家事业发展全局的高度，制定了全面建设社会主义现代化强国的宏伟蓝图，对实现“两个一百年”奋斗目标作出了全新的战略安排。

一、创造辉煌：新中国 70 多年前进征程

习近平指出：历史是最好的教科书，学习党史、国史，是坚持和发展中国特色社会主义、把党和国家各项事业继续推向前进的必修课。回望新中国 70 多年的历史，每个时期都有自己的历史高度。这是一部中国人民当家作主以后建立、巩固和探索社会主义制度史，是一部在改革开放中找到中国特色社会主义正确道路史，是一部中华民族在中国特色社会主义新时代实现伟大梦想的奋斗史，是一部把马克思主义基本原理与中国社会主义建设实际相结合，推进马克思主义中国化、时代化、大众化的发展史。这样一部历史，在中华大地和全世

界面前足够精彩和辉煌。

（一）新中国成立和社会主义基本制度确立，是中华民族伟大复兴的历史转折点

毛泽东指出：我们中华民族有同自己的敌人血战到底的气概，有在自力更生的基础上光复旧物的决心，有自立于世界民族之林的能力。今天，中华民族能够在历经屈辱、奋发图强之后傲立于世界民族之林，中国人民能够在历经一穷二白、颠沛流离之后过上小康生活，中国能够在历经百废待举、奋力直追后走近世界舞台中央，这一切伟大转折，都是始于新中国的伟大建立，始于社会主义制度在新中国的确立。

鸦片战争之后的旧中国，列强对中国的侵略步步进逼，封建统治日益腐败，祖国山河破碎、战乱不已，人民饥寒交迫、备受奴役，救亡图存的民族使命迫在眉睫。太平天国运动，戊戌变法，义和团运动，不甘屈服的中国人民一次次抗争，但又一次次失败。孙中山先生领导的辛亥革命，结束了统治中国几千年的君主专制制度，对推动中国社会进步具有重大意义，但也未能改变中国半殖民地半封建的社会性质和中国人民的悲惨命运，中华民族依然在黑暗中徘徊。

事实说明，不触动封建根基的自强运动和改良主义，旧式的农民战争，资产阶级革命派领导的革命，照搬西方资本主义的其他种种方案，都不能完成中华民族救亡图存的民族使命和反帝反封建的历史任务。要解决中国发展进步问题，必须找到能够指导中国人民进行反帝反封建革命的先进理论，必须找到能够领导中国社会变革的先进社会力量。

1949 年，当毛主席在天安门城楼上向全世界宣告“中国人民从此站起来了”，宣告了一个旧时代的结束和一个新时代的开启，意味着中国共产党领导的新民主主义革命的伟大胜利，意味着旧中国半殖民地半封建社会历史的伟大终结，意味着人民真正当家作主的新中国的伟大创立。伟大的开端，预示着新纪元的到来，但新中国成立初期，依然面临着历经百年的战乱带来的千疮百孔，面临着帝国主义的军事威胁和经济封锁带来的举步维艰。中国人民在中国共产党领导下，经过镇压反革命、土地改革、抗美援朝三大运动，相继采取没收官僚资本、稳定物价、统一财经、取缔旧社会丑恶现象、“三反”“五反”等一系列重大举措，巩固了新生的人民政权，恢复了国民经济，为紧接着确立社会主义基本制度并绘制社会主

义建设蓝图进行了必要准备。

从 1953 年中国共产党提出过渡时期总路线，到 1956 年提前完成对农业、手工业和资本主义工商业的社会主义改造，社会主义制度在中国得以确立，中国人民走上了社会主义道路。这是中国历史上从未有过的最深刻、最伟大的社会变革，这也为后来中国一切伟大发展提供了政治前提和根本制度基础。随着“三大改造”和“一五”计划的完成，新中国进行了波澜壮阔而又艰辛曲折的 10 年社会主义建设探索，在取得巨大成就的同时，也犯了反右扩大化、“大跃进”等错误，后来又发生了从 1966 年到 1976 年的“文化大革命”。历史的发展并不是一帆风顺，社会主义中国的探索道路也历经曲折，经受挫折，但是正反两面的经验，都是促进中国后来取得伟大发展的重要财富。

历史已经证明了毛泽东主席在新中国成立初期的断言：“中国人民将会看见，中国的命运一经操在人民自己的手里，中国就将如太阳升起在东方那样，以自己的辉煌的光焰普照大地，迅速地荡涤反动政府留下来的污泥浊水，治好战争的创伤，建设起一个崭新的强盛的名副其实的人民共和国。”①

（二）实行改革开放和建设中国特色社会主义，是中华民族伟大复兴新的里程碑

历史的精彩和厚重，往往在于它的复杂性。1978 年召开的十一届三中全会，端正了党的指导思想，重新确立了马克思主义的思想路线、政治路线和组织路线，作出以经济建设为中心的重大决策，开启了改革开放的伟大历史进程，这是中国历史上的再一次伟大转折，正如邓小平同志指出的：“改革是中国的第二次革命。”

古人说：“世易时移，变法宜矣。”从“文化大革命”困境中走出来的中国，最鲜明的时代特征就是改革开放，最突出的标志是开创中国特色社会主义，最显著的成就是经济快速增长和人民总体上实现小康。习近平总书记在庆祝改革开放 40 周年大会上的讲话指出：“40 年春风化雨、春华秋实，改革开放极大改变了中国的面貌、中华民族的面貌、中国人民的面貌、中国共产党的面貌。”

1981 年中共十一届六中全会通过《中国共产党中央委员会关于建国以来党的若干历史问题的决议》，这标志着拨乱反正任务基本完成，中国的发展迈向了新的征途。1982 年中共十二大提出“建设有中国特色的社会主义”以后，改革开放浪

① 毛泽东在 1949 年 6 月 15 日新政治协商会议筹备会上的讲话。

潮在全国席卷，在经济、政治、文化、社会和人民生活等领域带来了空前深刻的变化，产生了巨大影响。农村实行家庭联产承包制改革揭开了改革的序幕，由此逐步向城市经济体制综合改革推进，先后出台了一系列经济体制改革、对外开放和加快经济发展的重要举措。按照1987年中共十三大提出的社会主义初级阶段理论和“三步走”发展战略，以及1992年中共十四大确立的社会主义市场经济改革目标，经济建设从“七五”计划到“十二五”规划如期完成；同时兴办经济特区、开放东南沿海城市，加入世界贸易组织，“走出去”和“请进来”战略相结合，对外开放取得重大突破；香港、澳门按照“一国两制”方针顺利回归祖国。1992年邓小平在南方发表重要谈话，阐述了一系列重大理论问题。邓小平理论是继毛泽东思想之后中国共产党的第二次理论飞跃。

从1979年到2018年，我国国内生产总值年均增长9.4%，远高于同期世界经济年均2.9%左右的增速，对世界经济增长的年均贡献率为18%左右，仅次于美国，居世界第二。中国国内生产总值从1978年的3 679亿元，增长为2019年的99.086 5万亿元，占世界经济的比重由1.8%增长至16%，经济规模由1978年的第11位，跃居到2010年的世界第2位。2019年，中国经济总量世界排名第二。中国人民不仅从温饱迈向全面小康，而且已经成为拥有联合国产业分类中全部工业门类的国家，200多种工业产品产量居世界第一，制造业增加值自2010年起稳居世界首位。中国用短短几十年的时间，走完了发达国家几百年走过的工业化路程，实现了中国人民近代以来梦寐以求的夙愿。

邓小平指出：“改革不只是看三年五年，而是要看二十年，要看下世纪的前五十年。这件事必须坚决干下去。”改革开放找到了中国特色社会主义建设道路，建立起了符合中国国情的社会主义市场经济体制，实现了公有制为主体的多种经济成分共同发展，人民得到了改革带来的实惠，社会主义旗帜在中国高高飘扬。改革开放创造了中国奇迹，是中国人民富起来的法宝，是坚持和发展中国特色社会主义的必由之路。

（三）开创中国特色社会主义新时代，是实现中华民族伟大复兴中国梦的决胜时期

历史是对过去的记忆，也是对未来的指引。中共十九大宣布：经过长期努力，中国特色社会主义进入了新时代，这是我国发展新的历史定位。

这个新时代，是承前启后、继往开来、在新的历史条件下继续夺取中国特色社会主义伟大胜利的时代。中国特色社会主义是党和人民 90 多年来奋斗、创造、积累的根本成就。改革开放以来特别是党的十八大以来，我们党带领人民走中国特色社会主义道路，极大激发了中国人民的创造力，极大解放和发展了社会生产力，极大增强了社会活力，极大提升了我国国际地位，社会主义在中国展现出强大生命力。

这个新时代，是决胜全面建成小康社会、进而实现全面建设社会主义现代化强国的时代。党的十九大围绕“实现两个一百年”奋斗目标，对经济建设、政治建设、文化建设、社会建设、生态文明建设等作出战略部署，提出了从全面建成小康社会到基本实现现代化，再到全面建成社会主义现代化强国的战略安排。从世界发展史看，已经实现现代化的国家和地区，其现代化大多经历了产业革命以来近 300 年时间才逐步完成，而我国要用 100 年时间走完发达国家几百年走过的现代化路程，这种转变不但速度、规模超乎寻常，变化的广度、深度和难度也超乎寻常。

这个新时代，是全国各族人民团结奋斗、不断创造美好生活、逐步实现全体人民共同富裕的时代。这体现了我们党全心全意为人民服务的根本宗旨，体现了中国特色社会主义的本质要求。我们党的重大任务就是更加关注人民对美好生活新的多样化需求，更加关注社会公平正义，更加注重多谋民生之利、多解民生之忧，着力使全体人民在共建共享发展中有更多获得感、幸福感、安全感，着力使全体人民享有更加幸福安康的生活，着力在实现全体人民共同富裕上不断取得实实在在的新进展。

这个新时代，是全体中华儿女勠力同心、奋力实现中华民族伟大复兴中国梦的时代。实现中华民族伟大复兴，是近代以来中国人民最伟大的梦想，凝聚了几代中国人的夙愿。新中国的成立，为民族复兴奠定了坚实的基础。改革开放新的伟大革命，为民族复兴注入了强大生机活力。在中国特色社会主义新时代，中国比历史上任何时期都更接近、更有信心和能力实现中华民族伟大复兴目标。

这个新时代，是我国日益走近世界舞台中央、不断为人类作出更大贡献的时代。当今世界，中国人民的梦想同各国人民的梦想息息相通，实现中国梦离不开和平的国际环境和稳定的国际秩序。进入新时代，始终高举和平、发展、合作、共赢的旗帜，恪守维护世界和平、促进共同发展的外交政策宗旨，牢牢把握构建人类命运共同体的目标追求，始终做世界和平的建设者、全球发展的贡献者、国际秩序的维护者。中国一定能为世界的和平与发展、人类的繁荣与进步作出新的更大贡献。①

二、高举旗帜：新思想照亮现实指引未来

伟大时代呼唤伟大理论，伟大时代孕育伟大理论。习近平新时代中国特色社会主义思想，是在中国特色社会主义进入新时代、科学社会主义迈向新阶段、当今世界经历新变局、我们党面临执政新考验的历史条件下形成和发展起来的。习近平新时代中国特色社会主义思想是党和国家必须长期坚持的指导思想，是新时代中国共产党的思想旗帜，是国家政治生活和社会生活的根本指南。

（一）当代中国马克思主义、21 世纪马克思主义

习近平新时代中国特色社会主义思想，是马克思主义中国化的最新成果。这一思想是新时代中国共产党人的思想旗帜，为马克思主义作出了中国的原创性贡献，谱写了马克思主义新篇章；为实现中华民族伟大复兴提供了精神力量，展现出强大的真理力量、独特的思想魅力、巨大的实践伟力。

1. 新时代孕育新思想

习近平新时代中国特色社会主义思想，立足于中国特色社会主义进入新时代之基，深刻回答了新时代中国特色社会主义发展的一系列重大问题。习近平新时代中国特色社会主义思想，深刻回答了我们进入了一个什么样的新发展阶段，发展环境、发展条件、目标任务都发生了哪些新的变化等一系列重大问题；我们面临着什么样的新的社会主要矛盾，如何解决人民日益增长的美好生活需要和不平衡不充分的发展之间的矛盾；我们对全面建成小康社会、踏上全面建设社会主义现代化国家的新征程，实现中华民族伟大复兴目标作出什么样的战略安排。

习近平新时代中国特色社会主义思想，立足于科学社会主义迈向新阶段，深刻回答了科学社会主义在 21 世纪不断发展的一系列重大问题。随着社会主义中国的蓬勃发展，人们正在见证“历史终结论”的终结，“中国崩溃论”的崩溃，“社会主义失败论”的失败。习近平新时代中国特色社会主义思想的形成、发展是指

① 中共中央宣传部. 习近平新时代中国特色社会主义思想三十讲［M］. 北京：学习出版社，2018.

导党和国家事业发生历史性变革、取得历史性成就的生动实践。中国特色社会主义道路越走越宽广，使世界上正视和相信马克思主义和社会主义的人多了起来，使世界范围内两种意识形态、两种社会制度的历史演进及其较量，发生了有利于马克思主义、社会主义的深刻转变。可以说，对科学社会主义的理论思考、经验总结，对坚持和发展中国特色社会主义的担当和探索，贯穿习近平新时代中国特色社会主义思想形成和发展的全过程。

习近平新时代中国特色社会主义思想，立足于当今世界新变局，深刻回答了世界格局未来走向的一系列重大问题。面对世界经济、国际安全、国际治理等重大问题，世界各国、世界人民需要新的方向、新的方案、新的选择。习近平新时代中国特色社会主义思想深刻回答了如何正确认识和把握世界大势和时代潮流；如何深入贯彻创新、协调、绿色、开放、共享的发展理念；如何深入参与国际创新和技术合作，为世界贡献中国智慧、中国理念、中国方案，继续发挥世界和平建设者、全球发展贡献者、国际秩序维护者的重要作用；等等。

习近平新时代中国特色社会主义思想，立足于党面临执政新考验，深刻回答了执政党特别是马克思主义执政党建设的一系列重大问题。在中国特色社会主义新时代，我们如何做到坚持和发展中国特色社会主义一以贯之，推进党的建设新的伟大工程一以贯之，增强忧患意识、防范风险挑战一以贯之；如何推进党内政治生活气象更新，党内政治生态进一步好转，党的团结统一进一步巩固，党群关系进一步改善等。习近平新时代中国特色社会主义思想，是党自我净化、自我完善、自我革新、自我提高的重要成果，深化了对共产党执政规律、党的自身建设规律的认识，展现了新时代马克思主义执政党强大的创造力、凝聚力、战斗力。①

2. 新思想指导新实践

习近平新时代中国特色社会主义思想围绕新时代坚持和发展什么样的中国特色社会主义、怎样坚持和发展中国特色社会主义这个重大时代课题，内涵十分丰富，主要包括新时代坚持和发展中国特色社会主义的总目标、总任务、总体布局、战略布局和发展方向、发展方式、发展动力、战略步骤、外部条件、政治保证等方面的基本问题，并根据新的实践对经济、政治、法治、科技、文化、教育、民

① 全国干部培训教材编审指导委员会. 新时代　新思想　新征程［M］. 北京：人民出版社，党建读物出版社，2019.

生、民族、宗教、社会、生态文明、国家安全、国防和军队、“一国两制”和祖国统一、统一战线、外交、党的建设等各方面作出理论分析和政策指导。

习近平新时代中国特色社会主义思想的核心内容是“八个明确”和“十四个坚持”。“八个明确”，就是明确坚持和发展中国特色社会主义，总任务是实现社会主义现代化和中华民族伟大复兴，在全面建成小康社会的基础上，分两步走，在21世纪中叶建成富强民主文明和谐美丽的社会主义现代化强国；明确新时代我国社会主要矛盾是人民日益增长的美好生活需要和不平衡不充分的发展之间的矛盾，必须坚持以人民为中心的发展思想，不断促进人的全面发展、全体人民共同富裕；明确中国特色社会主义事业总体布局是“五位一体”、战略布局是“四个全面”，强调坚定道路自信、理论自信、制度自信、文化自信；明确全面深化改革总目标是完善和发展中国特色社会主义制度、推进国家治理体系和治理能力现代化；明确全面推进依法治国总目标是建设中国特色社会主义法治体系、建设社会主义法治国家；明确党在新时代的强军目标是建设一支听党指挥、能打胜仗、作风优良的人民军队，把人民军队建设成为世界一流军队；明确中国特色大国外交要推动构建新型国际关系，推动构建人类命运共同体；明确中国特色社会主义最本质的特征是中国共产党领导，中国特色社会主义制度的最大优势是中国共产党领导，党是最高政治领导力量，提出新时代党的建设总要求，突出政治建设在党的建设中的最高政治领导力量，提出新时代党的建设总要求，突出政治建设在党的建设中的重要地位。“十四个坚持”，就是坚持党对一切工作的领导，坚持以人民为中心，坚持全面深化改革，坚持新发展理念，坚持人民当家作主，坚持全面依法治国，坚持社会主义核心价值体系，坚持在发展中保障和改善民生，坚持人与自然和谐共生，坚持总体国家安全观，坚持党对人民军队的绝对领导，坚持“一国两制”和推进祖国统一，坚持推动构建人类命运共同体，坚持全面从严治党。

“八个明确”和“十四个坚持”有机融合、有机统一，凝结着我们党坚持和发展中国特色社会主义的宝贵经验，反映了以习近平同志为核心的党中央对中国特色社会主义规律性认识的深化、拓展、升华，体现了理论与实际相结合、认识论和方法论相统一的鲜明特色。进入新时代，中国特色社会主义处于一个大有可为的历史机遇期，我们坚持以习近平新时代中国特色社会主义思想为指引，就一定能够续写出中国特色社会主义新篇章，确保在21世纪中叶实现全面建成社会主义现代化强国的宏伟目标。

（二）坚持用新思想武装头脑

伟大使命需要伟大思想。坚持用习近平新时代中国特色社会主义思想武装全党和全国各族人民，是一项重大战略任务，要深刻理解把握这一思想的科学体系、精神实质、实践要求，更加自觉地用这一思想武装头脑、指导实践、推动工作。

1. 充分认识用习近平新时代中国特色社会主义思想武装头脑的重大意义

用习近平新时代中国特色社会主义思想武装起来，是新时代坚持和发展中国特色社会主义的必然要求。习近平新时代中国特色社会主义思想深刻回答了新时代坚持和发展中国特色社会主义的总目标、总任务、总体布局、战略布局和发展方向、发展方式、发展动力、战略步骤、外部条件、政治保证等基本问题，为坚持和发展中国特色社会主义注入了时代内涵，提供了根本遵循。只有深入学习贯彻这一思想，才能以永不懈怠的精神状态和一往无前的奋斗姿态把新时代中国特色社会主义一以贯之推向前进。

用习近平新时代中国特色社会主义思想武装起来，是实现“两个一百年”奋斗目标、实现中华民族伟大复兴的中国梦的必然要求。习近平新时代中国特色社会主义思想，系统论述了中华民族伟大复兴的中国梦的重大意义和基本内涵，科学规划了中华民族伟大复兴的实现路径和战略安排。只有深入学习这一思想，才能坚定实现宏伟蓝图的信心，不忘初心、继续前进，创造无愧于时代、无愧于人民、无愧于历史的新业绩。

用习近平新时代中国特色社会主义思想武装起来，是坚持和加强党的全面领导、推动全面从严治党向纵深发展的必然要求。习近平新时代中国特色社会主义思想，丰富和发展了马克思主义建党学说，为实现管党有方、治党有力、党建有效提供了科学指南。只有深入学习这一思想，切实增强党要管党、全面从严治党的坚定性和自觉性，提高执政能力和领导水平。

2. 深刻把握习近平新时代中国特色社会主义思想的精髓

为人民谋幸福，是中国共产党毫不动摇的初心。习近平新时代中国特色社会主义思想始终坚持以人为本，以人民为中心，尊重人民群众首创精神，坚持把人民对美好生活的向往作为奋斗目标。要通过深入学习，切实解决好“为了谁、依靠谁、我是谁”的问题，把实现好、维护好、发展好最广大人民根本利益作为不懈追求。

为民族谋复兴，是中国共产党应运而生时就肩负起的伟大历史使命。习近平新时代中国特色社会主义思想，深刻阐述了中华民族伟大复兴的基本内涵、实现路径、战略步骤、目标任务，深刻揭示了中华民族在伟大复兴历史进程中的新时代方位。要通过深入学习，以更坚定的信念信心，承担起新时代的新使命。

为世界作贡献，是中国共产党为人类谋和平、谋发展的使命和担当。习近平新时代中国特色社会主义思想，充分吸收人类文明有益成果，积极借鉴别国治国理政经验，为维护人类共同利益、共同价值作出了重要贡献。要通过学习，进一步推动中国发展，为世界和平安宁、共同发展和文明交流互鉴作出更大贡献。

3. 切实把习近平新时代中国特色社会主义思想学深悟透

读原著、学原文、悟真理。坚持原原本本地学、专心致志地读、细嚼慢咽地去感悟思考，深入学习领会这一思想的核心要义和基本精神，学习领会这一思想的理论特色和内在要求，学习领会这一思想蕴含的一系列新的重要观点、重大判断、重大举措，防止片面化、简单化。

全面学、贯通学、深入学。深入学习领会这一思想，要突出整体性要求，全面理解其基本内容、基本观点。着力在全面系统上下功夫，着力在融合贯通上下功夫，真正理解这一思想的历史逻辑、理论逻辑、实践逻辑。着力在深入深刻上下功夫，准确理解掌握贯穿其中的马克思主义立场、观点、方法，真正在深层次上提高思想理论水平。

带着信念学、带着情感学、带着使命学。深入学习这一思想，必须带着信念学，切实坚定理想追求，做远大理想和共同理想的坚定信仰者和忠实践行者。必须始终保持对党、对人民、对事业的深厚感情，增强对马克思主义中国化最新成果的政治认同、理论认同和情感认同。必须带着使命学，勇担当、敢担当、善担当，增强进取心、提升精气神，不断创造新的业绩。①

延伸阅读

现在，大家都在讨论中国梦，我以为，实现中华民族伟大复兴，就是中华民族近代以来最伟大的梦想。这个梦想，凝聚了几代中国人的夙愿，体现

① 中共中央宣传部. 习近平新时代中国特色社会主义思想三十讲［M］. 北京：学习出版社，2018.

了中华民族和中国人民的整体利益，是每一个中华儿女的共同期盼。历史告诉我们，每个人的前途命运都与国家和民族的前途命运紧密相连。国家好、民族好，大家才会好。实现中华民族伟大复兴是一项光荣而艰巨的事业，需要一代又一代中国人共同为之努力。空谈误国，实干兴邦。我们这一代共产党人一定要承前启后、继往开来，把我们的党建设好，团结全体中华儿女把我们国家建设好，把我们民族发展好，继续朝着中华民族伟大复兴的目标奋勇前进。

资料来源：习近平．习近平谈治国理政：第一卷．北京：外文出版社，2018：36．

三、接续奋斗：新青年书写接班人的时代答卷

五四风雷，百年激荡，100多年前爆发的五四运动，是一场中国人民为拯救民族危亡、捍卫民族尊严、凝聚民族力量而掀起的伟大社会革命运动，是中国旧民主主义革命走向新民主主义革命的转折点，在近代以来中华民族追求民族独立和发展进步的历史进程中具有里程碑意义。

（一）百年激荡，五四精神历久弥新

1. 五四运动以全民族的力量高举起爱国主义的伟大旗帜

五四运动，孕育了以爱国、进步、民主、科学为主要内容的伟大五四精神，其核心是爱国主义精神。爱国主义是我们民族精神的核心，是中华民族团结奋斗、自强不息的精神纽带。面对国家和民族生死存亡的局面，一批爱国青年挺身而出，全国民众奋起抗争，誓言“国土不可断送、人民不可低头”，奏响了浩气长存的爱国主义壮歌。

2. 五四运动以全民族的行动激发了追求真理、追求进步的伟大觉醒

五四运动前后，我国一批先进知识分子和革命青年，在追求真理中传播新思想新文化，勇于打破封建思想的桎梏，猛烈冲击了几千年来的封建旧礼教、旧道德、旧思想、旧文化。五四运动改变了以往只有觉悟的革命者而缺少觉醒的人民

大众的斗争状况，实现了中国人民和中华民族自鸦片战争以来第一次全面觉醒。经过五四运动的洗礼，越来越多的中国先进分子集合在马克思主义旗帜下，1921年中国共产党宣告正式成立，中国历史掀开了崭新的一页。

3. 五四运动以全民族的搏击培育了永久奋斗的伟大传统

毛泽东同志曾指出："中国的青年运动有很好的革命传统，这个传统就是'永久奋斗'。"通过五四运动，中国青年发现了自己的力量，中国人民和中华民族发现了自己的力量。中国人民和中华民族从斗争实践中懂得，中国社会发展，中华民族振兴，中国人民幸福，必须依靠自己的英勇奋斗来实现，没有人会恩赐给我们一个光明的中国。

（二）强国有我，以青春之我创青春中国

青年是整个社会力量中最积极、最有生气的力量，国家的希望在青年，民族的未来在青年。今天，新时代中国青年处在中华民族发展的最好时期，既面临着难得的建功立业的人生际遇，也面临着"天将降大任于斯人"的时代使命。新时代中国青年要继续发扬五四精神，以实现中华民族伟大复兴为己任，不辜负党的期望、人民期待、民族重托，不辜负我们这个伟大时代。

1. 新时代中国青年要树立远大理想

青年的理想信念关乎国家未来。青年理想远大、信念坚定，是一个国家、一个民族无坚不摧的前进动力。青年志存高远，就能激发奋进潜力，青春岁月就不会像无舵之舟漂泊不定。正所谓"立志而圣则圣矣，立志而贤则贤矣"。新时代中国青年要树立对马克思主义的信仰、对中国特色社会主义的信念、对中华民族伟大复兴中国梦的信心，到人民群众中去，到新时代新天地中去，让理想信念在创业奋斗中升华，让青春在创新创造中闪光。

2. 新时代中国青年要热爱伟大祖国

对每一个中国人来说，爱国是本分，也是职责，是心之所系、情之所归。对新时代中国青年来说，热爱祖国是立身之本、成才之基。当代中国，爱国主义的本质就是坚持爱国和爱党、爱社会主义高度统一。新时代中国青年要听党话、跟党走，胸怀忧国忧民之心、爱国爱民之情，不断奉献祖国、奉献人民，以一生的真情投入、一辈子的顽强奋斗来体现爱国主义情怀，让爱国主义的伟大旗帜始终在心中高高飘扬。

3. 新时代中国青年要担当时代责任

时代呼唤担当，民族振兴是青年的责任。鲁迅先生说，青年“所多的是生力，遇见深林，可以辟成平地的，遇见旷野，可以栽种树木的，遇见沙漠，可以开掘井泉的”。在实现中华民族伟大复兴的新征程上，应对重大挑战、抵御重大风险、克服重大阻力、解决重大矛盾，迫切需要迎难而上、挺身而出的担当精神。只要青年都勇挑重担、勇克难关、勇斗风险，中国特色社会主义就能充满活力、充满后劲、充满希望。青年要保持初生牛犊不怕虎、越是艰险越向前的刚健勇毅，勇立时代潮头，争做时代先锋。新时代中国青年要珍惜这个时代、担负时代使命，在担当中历练，在尽责中成长，让青春在新时代改革开放的广阔天地中绽放，让人生在实现中国梦的奋进追逐中展现出勇敢奔跑的英姿，努力成为德智体美劳全面发展的社会主义建设者和接班人。

4. 新时代中国青年要勇于砥砺奋斗

奋斗是青春最亮丽的底色。“自信人生二百年，会当水击三千里。”民族复兴的使命要靠奋斗来实现，人生理想的风帆要靠奋斗来扬起。没有广大人民特别是一代代青年前赴后继、艰苦卓绝的接续奋斗，就没有中国特色社会主义新时代的今天，更不会有实现中华民族伟大复兴的明天。新时代中国青年要勇做走在时代前列的奋进者、开拓者、奉献者，毫不畏惧面对一切艰难险阻，在劈波斩浪中开拓前进，在披荆斩棘中开辟天地，在攻坚克难中创造业绩，用青春和汗水创造出让世界刮目相看的新奇迹。

5. 新时代中国青年要练就过硬本领

青年是苦练本领、增长才干的黄金时期。“青春虚度无所成，白首衔悲亦何及。”当今时代，知识更新不断加快，社会分工日益细化，新技术新模式新业态层出不穷。这既为青年施展才华、竞展风采提供了广阔舞台，也对青年能力素质提出了新的更高要求。新时代中国青年要增强学习紧迫感，如饥似渴、孜孜不倦学习，努力学习马克思主义立场、观点、方法，努力掌握科学文化知识和专业技能，努力提高人文素养，在学习中增长知识、锤炼品格，在工作中增长才干、练就本领，以真才实学服务人民，以创新创造贡献国家。

6. 新时代中国青年要锤炼品德修为

人无德不立，品德是为人之本。止于至善，是中华民族始终不变的人格追求。青年要把正确的道德认知、自觉的道德养成、积极的道德实践紧密结合起来，不断修身立德，打牢道德根基，在人生道路上走得更正、走得更远。面对复杂的世界大变局，要明辨是非、恪守正道，不人云亦云、盲目跟风。新时代中国青年要自觉树立和践行社会主义核心价值观，善于从中华民族传统美德中汲取道德滋养，从英雄人物和时代楷模的身上感受道德风范，从自身内省中提升道德修为，明大德、守公德、严私德，自觉抵制拜金主义、享乐主义、极端个人主义、历史虚无主义等错误思想，追求更有高度、更有境界、更有品位的人生，让清风正气、蓬勃朝气遍布全社会。

五四运动以来的100多年，是中国青年一代又一代接续奋斗、凯歌前行的100多年，是中国青年用青春之我创造青春之中国、青春之民族的100多年。100多年来，中国青年满怀对祖国和人民的赤子之心，积极投身党领导的革命、建设、改革伟大事业，为人民战斗、为祖国献身、为幸福生活奋斗，把最美好的青春献给祖国和人民，谱写了一曲又一曲壮丽的青春之歌。新时代中国青年要按照习近平总书记的殷切嘱托，继续发扬五四精神，树立远大理想，热爱伟大祖国，担当时代责任，勇于砥砺奋斗，练就过硬本领，锤炼品德修为，不断谱写无愧于前辈、无愧于时代、无愧于人民的壮丽篇章。

延伸阅读

“志不立，天下无可成之事。”理想信念动摇是最危险的动摇，理想信念滑坡是最危险的滑坡。一个政党的衰落，往往从理想信念的丧失或缺失开始。我们党是否坚强有力，既要看全党在理想信念上是否坚定不移，更要看每一位党员在理想信念上是否坚定不移……

理想因其远大而为理想，信念因其执着而为信念。我们要把理想信念教育作为思想建设的战略任务，保持全党在理想追求上的政治定力，自觉做共产主义远大理想和中国特色社会主义共同理想的坚定信仰者、忠实实践者，在全面建成小康社会、实现中华民族伟大复兴中国梦的历史进程中充分发挥先锋模范作用。

资料来源：习近平．习近平谈治国理政：第二卷．北京：外文出版社，2017：34-35．

思考题

1.“新时代”的丰富内涵是什么？

2. 习近平新时代中国特色社会主义思想的丰富内涵是什么？

3. 新时代中国青年如何弘扬五四精神，接续奋斗？

专题二

牢记使命　在守正创新中坚定制度自信

党的十九届四中全会专题研究坚持和完善中国特色社会主义制度、推进国家治理体系和治理能力现代化问题并作出决定，体现了以习近平同志为核心的党中央高瞻远瞩的战略眼光和强烈的历史担当，对决胜全面建成小康社会、全面建设社会主义现代化国家，对巩固党的执政地位、确保党和国家长治久安，具有重大而深远的意义。

实践证明，中国特色社会主义制度和国家治理体系是以马克思主义为指导、植根中国大地、具有深厚中华文化根基、深得人民拥护的制度和治理体系，是具有强大生命力和巨大优越性的制度和治理体系，是能够持续推动拥有十四多亿人口大国的进步和发展，确保拥有五千多年文明史的中华民族实现“两个一百年”奋斗目标进而实现伟大复兴的制度和治理体系。

一、不忘初心　砥砺前行：国家制度和国家治理体系的探索历程

新中国成立七十多年来，我们党领导人民创造了世界罕见的经济快速发展奇迹和社会长期稳定奇迹，中华民族迎来了从站起来、富起来到强起来的伟大飞跃。七十多年发展奇迹的背后，是中国共产党团结带领人民，坚持把马克思主义基本原理同中国具体实际相结合，赢得中国革命胜利，并深刻总结国内外正反两方面经验，建立和完善社会主义制度，不断加强和完善国家治理的伟大实践。

（一）从新中国成立到党的十一届三中全会前，建立社会主义基本制度

新中国成立初期，是中国建设社会主义艰难征程的起步阶段。毛泽东同志作为我们党第一代中央领导集体的核心，在当时的历史条件下，带领全国各族人民，为中国建立、巩固、完善和发展社会主义制度进行了最初的艰辛探索，进行了一系列创造性实践。

1. 确立国家根本制度

1949 年 9 月，中国人民政治协商会议第一届全体会议通过的具有临时宪法作用的《中国人民政治协商会议共同纲领》，明确新中国的国家性质是人民民主专政的社会主义国家，人民代表大会制度为新中国的政权组织形式，还确立了中国共产党领导的多党合作和政治协商制度以及民族区域自治制度。1954 年 9 月，第一届全国人民代表大会第一次会议的召开，正式确立人民代表大会制度是新中国根本政治制度。1956 年，随着党在过渡时期总路线所规定的对生产资料私有制的社会主义改造基本完成，我国确立了社会主义基本制度，成功实现了中国历史上最伟大最深刻的社会变革。

2. 立足中国国情治理社会主义

由于认识到苏联社会建设经验中存在着某些弊端和缺陷，主张吸取苏联建设教训，提出要以苏联为戒，强调把马克思主义的普遍真理与中国的具体国情紧密结合，要从中国“一穷二白”农业大国的具体国情出发，立足于实际，走出一条适合中国国情的工业化途径，建设适合中国自己的社会主义发展道路。

3. 依据社会主义社会基本矛盾和两类矛盾学说创设社会主义制度、治理社会主义国家

1956 年《论十大关系》发表，以苏联的经验为鉴戒，总结了我国的经验，论述了社会主义革命和社会主义建设中的十大关系，强调正确处理人民内部矛盾，必须一定要努力把党内党外、国内国外的一切积极的因素，直接的、间接的积极因素，全部调动起来，集中力量进行我国社会主义建设。这体现出走适合中国的社会主义道路的国家治理思路，也为中国特色社会主义国家治理奠定了基础。

以毛泽东同志为代表的中国共产党人立足国情，探索国家治理，取得了巨大成就。后来由于对国际国内形势的认识出现偏差，使我国社会主义国家治理的探索遭遇到挫折，但是改革开放前的这些探索及其取得的理论和实践成果，为我们党在新的历史条件下进行国家治理和推进改革开放奠定了重要基础。

（二）从党的十一届三中全会到党的十八大前，形成中国特色社会主义制度

● 党的十一届三中全会到十三届四中全会前

党的十一届三中全会开启了改革开放历史新时期，也开启了中国特色社会主义制度自我完善和发展的历史新征程。以邓小平同志为核心的第二代中央领导集体深刻总结我国社会主义正反两方面经验，借鉴世界社会主义历史经验，明确提出走自己的路、建设中国特色社会主义。

1. 健全和完善党和国家的领导制度

党的十一届五中全会通过了《关于党内政治生活的若干准则》，加强和改善党的集体领导和民主集中制。1982 年制定的宪法对党和国家的领导机构做了相应的修订。这些重大举措和规定，对健全和完善党和国家的领导制度具有重要意义，推进了现代化事业和社会主义事业的发展。

2. 健全和完善我国根本政治制度

根据宪法规定，1982 年我国在县以上地方各级人民代表大会设立常务委员会，赋予省、自治区、直辖市人民代表大会及其常委会制定和颁布地方性法规权，并且实行各级人大代表由等额选举改为差额选举，把直接选举人大代表的范围扩大到县一级等。

3. 健全和完善我国基本政治制度

改革开放以后，党中央进一步明确了人民政协的性质、任务、职能，中国共产党领导的多党合作和政治协商制度被确立为我国一项基本政治制度，对民主党派的性质作了新的概括，明确了执政党和参政党的关系，并阐述了多党合作和政治协商必须坚持的政治准则等内容。

4. 提出“一国两制”构想

“一国两制”是从中国的实际出发，解决台湾、香港和澳门问题，实现祖国和平统一的伟大构想，创造性地发展了马克思主义的国家学说。香港、澳门回归后的事实充分证明，“一国两制”方针是正确的，具有强大的生命力。

● 党的十三届四中全会到十六大前

党的十三届四中全会到十六大期间，国内外形势十分复杂，世界社会主义出现严重曲折，以江泽民同志为主要代表的中国共产党人，受命于历史关头，依据新的治理实践丰富和发展了中国特色社会主义治理思想。

1. 确立依法治国的国家治理方略

党的十四届三中全会提出，建立社会主义市场经济体制，必须围绕市场经济建设的主要环节，建立相应的法律体系，采取切实措施，积极而有步骤地全面推进改革，促进社会生产力的发展。“九五”计划明确提出到21世纪初要初步建成社会主义法治国家，党的十五大报告中正式阐述了依法治国的思想。这些论述和思想为当代中国国家法治方略的确立奠定了重要基础。

2. 正确把握治国和治党的关系

在2000年中央纪委第四次全体会议中提出治国必先治党，治党务必从严，强调中国的事情办得怎么样，关键取决于我们党，取决于党的思想、作风、纪律、组织状况和战斗能力、领导水平。党的性质、党在国家和社会生活中所处的地位、党肩负的历史使命，要求我们治国必先治党，治党务必从严，治党始终坚强有力，治国必会正确有效。这充分体现出政党治理对党执政兴国具有重大战略意义。

3. 强调坚持依法治国和以德治国相结合

党的十五大，依法治国被确立为基本方略，将过去“建设社会主义法制国家”的提法，改变为“建设社会主义法治国家”，极其鲜明地突出了对“法治”的强调。2001年明确提出了“把依法治国与以德治国紧密结合起来”的治国方略。

● 党的十六大到十八大前

党的十六大以来，中国特色社会主义伟大事业进入新世纪新阶段，国际局势风云变幻。以胡锦涛为总书记的中央领导集体，紧紧抓住和用好我国发展的重要战略机遇期，奋力把中国特色社会主义推进到新的发展阶段。

1. 提出构建社会主义和谐社会、加快生态文明建设，确立中国特色社会主义事业新的总布局

进入21世纪后，党的十六大和十六届三中全会、四中全会，明确提出构建社会主义和谐社会的战略任务，并将其作为加强党的执政能力建设的重要内容。党的十六大报告第一次将“社会更加和谐”作为重要目标提出。党的十六届四中全会，进一步提出构建社会主义和谐社会的任务。党的十八大从新的历史起点出发，作出“大力推进生态文明建设”的战略决策，从10个方面描绘出生态文明建设的宏伟蓝图。

2. 提出中国特色社会主义道路、理论体系和制度的有机统一

2011年胡锦涛同志在庆祝中国共产党成立90周年大会上的讲话中提出：发展社会主义民主政治，必须坚持中国特色社会主义政治发展道路，关键是要坚持党

的领导、人民当家作主、依法治国有机统一。

3. 创新社会管理

党的十六届四中全会提出健全党委领导、政府负责、社会协同、公众参与的社会管理格局，明确了社会管理的领导体制，提出了新形势下加强和创新社会管理，做好群众工作的总体思路和重要任务。

（三）党的十八大以来，逐步形成中国特色社会主义制度和国家治理体系现代化的政治宣言和行动纲领

党的十八大以来，以习近平同志为核心的党中央，继承发展我们党在国家治理方面的探索成果，结合当代中国发展的实际，对中国特色社会主义国家治理提出了丰富而又深刻的思想。

1. 以完善和发展中国特色社会主义制度、推进国家治理体系和治理能力现代化为总目标谋划全面深化改革

党的十八届三中全会首次提出了推进国家治理体系和治理能力现代化的思想，正式将全面深化改革的总目标确立为“完善和发展中国特色社会主义制度，推进国家治理体系和治理能力现代化”。这标志着我们党对社会主义制度发展和国家治理问题的认识达到新高度。

2. 深入研究探索在我国国家制度和国家治理上应该坚持和巩固什么、完善和发展什么

党的十九届四中全会全面系统回答了“坚持和巩固什么、完善和发展什么”这个重大政治问题，体现了总结历史和面向未来的统一、保持定力和改革创新的统一、问题导向和目标导向的统一。

3. 系统总结我国国家制度和国家治理体系的显著优势

党的十九届四中全会第一次全面系统总结了我国国家制度和国家治理体系的十三个显著优势。这十三个显著优势的概括，使我们进一步坚定中国特色社会主义道路自信、理论自信、制度自信、文化自信有了更全面、准确、明晰的基本依据。

4. 科学规划坚持和完善中国特色社会主义制度、推进国家治理体系和治理能力的总体目标

党的十九届四中全会结合十八届三中全会全面深化改革的总目标和党的十九大提出的“两个一百年”奋斗目标，从实现中华民族伟大复兴的战略高度明确了

坚持和完善中国特色社会主义制度、推进国家治理体系和治理能力现代化的总体目标。

5. 立足新时代特征，创造性地从多方面丰富和完善中国特色社会主义制度和国家治理体系

习近平总书记系统阐述了国家治理能力和治理体系的时代内涵及辩证关系，并结合新时代的特点从政治、经济、文化、社会、生态文明、党的领导、"一国两制"、军队、外事等不同领域创造性地促进各方面制度和治理体系的发展和完善。①

二、坚定信心　开拓创新：国家制度和国家治理体系现代化战略决策

党的十九届四中全会审议通过的《中共中央关于坚持和完善中国特色社会主义制度、推进国家治理体系和治理能力现代化若干重大问题的决定》（以下简称《决定》），深刻回答了"坚持和巩固什么、完善和发展什么"这个重大政治问题，集中概括了中国特色社会主义制度和国家治理体系的显著优势，深刻阐述了支撑中国特色社会主义制度的根本制度、基本制度、重要制度，明确了坚持和完善中国特色社会主义制度、推进国家治理体系和治理能力现代化的总体要求、总体目标和重点任务，是坚持和完善中国特色社会主义制度、推进国家治理体系和治理能力现代化的政治宣言和行动纲领，是具有开创性、里程碑意义的战略决策。

（一）总体要求

党的十九届四中全会通过的《决定》，从党和国家事业发展的全局和长远出发，准确把握我国国家制度和国家治理能力体系的演进方向和规律，明确提出坚持和完善中国特色社会主义制度、推进国家治理体系和治理能力现代化的总体要求。这就是：必须坚持以马克思列宁主义、毛泽东思想、邓小平理论、"三个代表"重要思想、科学发展观、习近平新时代中国特色社会主义思想为指导，增强"四个意识"，坚定"四个自信"，做到"两个维护"，坚持党的领导、人民当家作主、依法治国有机统一，坚持解放思想、实事求是，坚持改革创新，突出坚持和

① 颜晓峰. 国家治理现代化十八讲［M］. 北京：人民日报出版社，2019.

完善支撑中国特色社会主义制度的根本制度、基本制度、重要制度，着力固根基、扬优势、补短板、强弱项，构建系统完备、科学规范、运行有效的制度体系，加强系统治理、依法治理、综合治理、源头治理，把我国制度优势更好转化为国家治理效能，为实现“两个一百年”奋斗目标、实现中华民族伟大复兴的中国梦提供有力保证。

总体要求体现了新时代的鲜明特点，既坚持问题导向，正视我国国家制度和治理体系的矛盾问题，强调补短板、强弱项，又坚持目标导向，着眼构建系统完备、科学规范、运行有效的制度体系，加强系统治理、依法治理、综合治理、源头治理，体现了问题导向与目标导向的统一。中国共产党的领导是中国特色社会主义最本质的特征，是中国特色社会主义制度的最大优势，坚持和完善中国特色社会主义制度、推进国家治理体系和治理能力现代化，决不能削弱党的领导，而是增强党的领导，人民立场是中国共产党的根本政治立场，总体要求既坚持党的领导，又保障人民当家作主，实现了党的领导与人民立场的统一。中国特色社会主义制度是当代中国发展进步的根本制度保障，是具有明显制度优势、强大自我完善能力的先进制度。总体要求把坚持和完善统一起来，把固根基、扬优势、补短板、强弱项结合起来，体现了坚持制度自信与改革创新的统一。[①]

（二）总体目标

坚持和完善中国特色社会主义制度、推进国家治理体系和治理能力现代化的总体目标是，到我们党成立 100 年时，在各方面制度更加成熟更加定型上取得明显成效；到 2035 年，各方面制度更加完善，基本实现国家治理体系和治理能力现代化；到新中国成立 100 年时，全面实现国家治理体系和治理能力现代化，使中国特色社会主义制度更加巩固、优越性充分展现。

总体目标的设定具有重大的意义，一是总体目标是“两个一百年”奋斗目标、实现社会主义现代化强国“两步走”战略、全面深化改革总目标的具体化；二是总体目标将制度和治理融为一体，以制度建设保证治理效能，以治理效能发挥制度优势，有效防止了缺乏效能的“制度悬置”和缺乏根基的“治理变革”；三是总体目标的设定高屋建瓴、顶层设计科学，既让我们认清了坚持和完善中国特色社会主义制度、推进国家治理体系和治理能力现代化方面存在的差距，也明确了我

① 颜晓峰. 国家治理现代化十八讲［M］. 北京：人民日报出版社，2019.

们前进的目标。

（三）显著优势

中国特色社会主义制度是党和人民在长期实践探索中形成的科学制度体系，富有强大的生命力和巨大的优越性，尤其在党的领导和经济、民主、法治、民族、共同富裕、改革创新、人才、军事、外交等方面形成了更为突出和显著的制度优势。

《决定》系统总结了我国国家制度和国家治理体系十三个方面的显著优势，即坚持党的集中统一领导，坚持党的科学理论，保持政治稳定，确保国家始终沿着社会主义方向前进的显著优势；坚持人民当家作主，发展人民民主，密切联系群众，紧紧依靠人民推动国家发展的显著优势；坚持全面依法治国，建设社会主义法治国家，切实保障社会公平正义和人民权利的显著优势；坚持全国一盘棋，调动各方面积极性，集中力量办大事的显著优势；坚持各民族一律平等，铸牢中华民族共同体意识，实现共同团结奋斗、共同繁荣发展的显著优势；坚持公有制为主体、多种所有制经济共同发展和按劳分配为主体、多种分配方式并存，把社会主义制度和市场经济有机结合起来，不断解放和发展社会生产力的显著优势；坚持共同的理想信念、价值理念、道德观念，弘扬中华优秀传统文化、革命文化、社会主义先进文化，促进全体人民在思想上精神上紧紧团结在一起的显著优势；坚持以人民为中心的发展思想，不断保障和改善民生、增进人民福祉，走共同富裕道路的显著优势；坚持改革创新、与时俱进，善于自我完善、自我发展，使社会始终充满生机活力的显著优势；坚持德才兼备、选贤任能，聚天下英才而用之，培养造就更多更优秀人才的显著优势；坚持党指挥枪，确保人民军队绝对忠诚于党和人民，有力保障国家主权、安全、发展利益的显著优势；坚持"一国两制"，保持香港、澳门长期繁荣稳定，促进祖国和平统一的显著优势；坚持独立自主和对外开放相统一，积极参与全球治理，为构建人类命运共同体不断作出贡献的显著优势。这些显著优势，是我们坚定中国特色社会主义道路自信、理论自信、制度自信、文化自信的基本依据。

中国特色社会主义制度和国家治理体系是以马克思主义为指导、植根中国大地、具有深厚中华文化根基、深得人民拥护的制度和治理体系，其显著优势是始终坚持马克思主义基本原理与中国实际相结合的产物；是长期探索实践和不断改革创新的产物；是重视中华传统文化的作用和汲取人类优秀制度文明成果的产物；是深刻总结和吸取国内外正反两方面经验的产物；是始终坚持以人民为中心价值立场的产物。

（四）重点任务

1. 坚持和完善党的领导制度

坚持和完善党的领导制度体系，提高党科学执政、民主执政、依法执政水平。必须坚持党政军民学、东西南北中，党是领导一切的，坚决维护党中央权威，健全总揽全局、协调各方的党的领导制度体系，把党的领导落实到国家治理各领域各方面各环节。要建立不忘初心、牢记使命的制度，完善坚定维护党中央权威和集中统一领导的各项制度，健全党的全面领导制度，健全为人民执政、靠人民执政各项制度，健全提高党的执政能力和领导水平制度，完善全面从严治党制度。

坚持和完善党和国家监督体系，强化对权力运行的制约和监督。党和国家监督体系是党在长期执政条件下实现自我净化、自我完善、自我革新、自我提高的重要制度保障。必须健全党统一领导、全面覆盖、权威高效的监督体系，增强监督严肃性、协同性、有效性，形成决策科学、执行坚决、监督有力的权力运行机制，构建一体推进不敢腐、不能腐、不想腐体制机制，确保党和人民赋予的权力始终用来为人民谋幸福。

坚持和完善中国特色社会主义制度、推进国家治理体系和治理能力现代化，是全党的一项重大战略任务。各级党委和政府以及各级领导干部要切实强化制度意识，带头维护制度权威，做制度执行的表率，带动全党全社会自觉尊崇制度、严格执行制度、坚决维护制度。加强制度理论研究和宣传教育，引导全党全社会充分认识中国特色社会主义制度的本质特征和优越性，坚定制度自信。推动广大干部严格按照制度履行职责、行使权力、开展工作，提高推进“五位一体”总体布局和“四个全面”战略布局等各项工作能力和水平。

2. 坚持和完善中国特色社会主义政治制度

坚持和完善人民当家作主制度体系，发展社会主义民主政治。必须坚持人民主体地位，坚定不移走中国特色社会主义政治发展道路，确保人民依法通过各种途径和形式管理国家事务，管理经济文化事业，管理社会事务。要坚持和完善人民代表大会制度这一根本政治制度，坚持和完善中国共产党领导的多党合作和政治协商制度，巩固和发展最广泛的爱国统一战线，坚持和完善民族区域自治制度，健全充满活力的基层群众自治制度。

坚持和完善中国特色社会主义法治体系，提高党依法治国、依法执政能力。建设中国特色社会主义法治体系、建设社会主义法治国家是坚持和发展中国特色社会主义的内在要求。必须坚定不移走中国特色社会主义法治道路，全面推进依法治国，坚持依法治国、依法执政、依法行政共同推进，坚持法治国家、法治政府、法治社会一体建设。要健全保证宪法全面实施的体制机制，完善立法体制机制，健全社会公平正义法治保障制度，加强对法律实施的监督。

坚持和完善中国特色社会主义行政体制，构建职责明确、依法行政的政府治理体系。国家行政管理承担着按照党和国家决策部署推动经济社会发展、管理社会事务、服务人民群众的重大职责。必须坚持一切行政机关为人民服务、对人民负责、受人民监督，创新行政方式，提高行政效能，建设人民满意的服务型政府。要完善国家行政体制，优化政府职责体系，优化政府组织结构，健全充分发挥中央和地方两个积极性体制机制。

坚持和完善"一国两制"制度体系，推进祖国和平统一。"一国两制"是党领导人民实现祖国和平统一的一项重要制度，是中国特色社会主义的一个伟大创举。必须严格依照宪法和特别行政区基本法对香港特别行政区、澳门特别行政区实行管治，维护香港、澳门长期繁荣稳定。建立健全特别行政区维护国家安全的法律制度和执行机制。要坚定推进祖国和平统一进程，完善促进两岸交流合作、深化两岸融合发展、保障台湾同胞福祉的制度安排和政策措施，团结广大台湾同胞共同反对"台独"、促进统一。

3. 坚持和完善社会主义经济制度

坚持和完善社会主义基本经济制度，推动经济高质量发展。公有制为主体、多种所有制经济共同发展，按劳分配为主体、多种分配方式并存，社会主义市场经济体制等社会主义基本经济制度，既体现了社会主义制度优越性，又同我国社会主义初级阶段社会生产力发展水平相适应，是党和人民的伟大创造。必须坚持社会主义基本经济制度，充分发挥市场在资源配置中的决定性作用，更好发挥政府作用，全面贯彻新发展理念，坚持以供给侧结构性改革为主线，加快建设现代化经济体系。要毫不动摇巩固和发展公有制经济，毫不动摇鼓励、支持、引导非公有制经济发展，坚持按劳分配为主体、多种分配方式并存，加快完善社会主义市场经济体制，完善科技创新体制机制，建设更高水平开放型经济新体制。

4. 坚持和完善中国特色社会主义文化制度

坚持和完善繁荣发展社会主义先进文化的制度，巩固全体人民团结奋斗的共同思想基础。发展社会主义先进文化、广泛凝聚人民精神力量，是国家治理体系和治理能力现代化的深厚支撑。必须坚定文化自信，牢牢把握社会主义先进文化前进方向，激发全民族文化创造活力，更好构筑中国精神、中国价值、中国力量。要坚持马克思主义在意识形态领域指导地位的根本制度，坚持以社会主义核心价值观引领文化建设制度，健全人民文化权益保障制度，完善坚持正确导向的舆论引导工作机制，建立健全把社会效益放在首位、社会效益和经济效益相统一的文化创作生产体制机制。

5. 坚持和完善中国特色社会主义社会制度

坚持和完善统筹城乡的民生保障制度，满足人民日益增长的美好生活需要。增进人民福祉、促进人的全面发展是我们党立党为公、执政为民的本质要求。必须健全幼有所育、学有所教、劳有所得、病有所医、老有所养、住有所居、弱有所扶等方面国家基本公共服务制度体系，注重加强普惠性、基础性、兜底性民生建设，保障群众基本生活。满足人民多层次、多样化需求，使改革发展成果更多、更公平惠及全体人民。要健全有利于更充分、更高质量就业的促进机制，构建服务全民终身学习的教育体系，完善覆盖全民的社会保障体系，强化提高人民健康水平的制度保障。坚决打赢脱贫攻坚战，建立解决相对贫困的长效机制。

坚持和完善共建共治共享的社会治理制度，保持社会稳定、维护国家安全。社会治理是国家治理的重要方面。必须加强和创新社会治理，完善党委领导、政府负责、民主协商、社会协同、公众参与、法治保障、科技支撑的社会治理体系，建设人人有责、人人尽责、人人享有的社会治理共同体，确保人民安居乐业、社会安定有序，建设更高水平的平安中国。要完善正确处理新形势下人民内部矛盾有效机制，完善社会治安防控体系，健全公共安全体制机制，构建基层社会治理新格局，完善国家安全体系。

6. 坚持和完善中国特色社会主义生态文明制度

坚持和完善生态文明制度体系，促进人与自然和谐共生。生态文明建设是关系中华民族永续发展的千年大计。必须践行绿水青山就是金山银山的理念，坚持节约资源和保护环境的基本国策，坚持节约优先、保护优先、自然恢复为主的方针，坚定走生产发展、生活富裕、生态良好的文明发展道路，建设美丽中国。要实行最严格的生态环境保护制度，全面建立资源高效利用制度，健全生态保护和修复制度，严明生态环境保护责任制度。

7. 坚持和完善中国特色社会主义军事制度

坚持和完善党对人民军队的绝对领导制度，确保人民军队忠实履行新时代使命任务。党对人民军队的绝对领导是人民军队的建军之本、强军之魂。必须牢固确立习近平强军思想在国防和军队建设中的指导地位，巩固和拓展深化国防和军队改革成果，构建中国特色社会主义军事政策制度体系，全面推进国防和军队现代化，确保实现党在新时代的强军目标，把人民军队全面建成世界一流军队，永葆人民军队的性质、宗旨、本色。要坚持人民军队最高领导权和指挥权属于党中央，健全人民军队党的建设制度体系，把党对人民军队的绝对领导贯彻到军队建设各领域全过程。

8. 坚持和完善中国特色社会主义外事制度

坚持和完善独立自主的和平外交政策，推动构建人类命运共同体。必须统筹国内国际两个大局，高举和平、发展、合作、共赢旗帜，坚定不移维护国家主权、安全、发展利益，坚定不移维护世界和平、促进共同发展。要健全党对外事工作领导体制机制，完善全方位外交布局，推进合作共赢的开放体系建设，积极参与全球治理体系改革和建设。

聚焦十九届四中全会公报高频词

备受瞩目的中国共产党第十九届中央委员会第四次全体会议，于2019年10月28日至31日在北京举行。会议听取和讨论了习近平受中央政治局委托作的工作报告，审议通过了《中共中央关于坚持和完善中国特色社会主义制度、推进国家治理体系和治理能力现代化若干重大问题的决定》。

5 000余字的全会公报中，“制度”一词出现的频率最高，达到了77次。此外，“人民”52次，“治理”41次，“完善”41次，“中国特色社会主义”24次，“经济”19次，“健全”18次，“优势”17次，“文化”16次，

“法治”16次，“军队”16次，“保障”13次，“体制”13次，“统一”13次，“现代化”11次，“改革”11次，“监督”8次，“创新”7次，“安全”7次……这些高频词以点带面，勾勒出一张坚持和完善中国特色社会主义制度、推进国家治理体系和治理能力现代化的发展蓝图。

三、开创性里程碑意义：国家制度和国家治理体系现代化建设的战略价值

坚持和完善中国特色社会主义制度，推进国家治理体系和治理能力现代化，这是我们党在深刻认识古今中外治乱兴衰规律、认真总结我国改革开放的成功经验、准确把握我国改革发展阶段性特征的基础上提出来的，对于实现中华民族伟大复兴的中国梦，对于推进人类制度文明的发展演进，具有重大的现实意义和深远的历史意义。

（一）坚持和发展中国特色社会主义的必然要求

坚持和发展中国特色社会主义是改革开放以来的全部理论和实践主题，是当代中国发展进步的根本方向。党的十一届三中全会以后，以邓小平同志为主要代表的中国共产党人，重新确立解放思想、实事求是的思想路线，以巨大的政治勇气和理论勇气进行了改革开放，成功开创了中国特色社会主义。党的十三届四中全会以后，以江泽民同志为主要代表的中国共产党人，在世界社会主义遭受严重曲折考验面前捍卫了中国特色社会主义，成功把中国特色社会主义推向21世纪。党的十六大以后，以胡锦涛同志为主要代表的中国共产党人，坚持走科学发展道路，开始形成建设中国特色社会主义总体布局，成功在新的历史起点上坚持和发展了中国特色社会主义。

党的十八大以来，以习近平同志为核心的党中央坚定不移地贯彻新发展理念，推动党和国家事业发生历史性变革，中国特色社会主义进入新时代。党的十八届三中全会首次提出“推进国家治理体系和治理能力现代化”这个重大命题，并强调“全面深化改革的总目标是完善和发展中国特色社会主义制度，推进国家治理体系和治理能力现代化”。党的十八届五中全会进一步强调，“十三五”时期要实现“各方面制度更加成熟更加定型，国家治理体系和治理能力现代化取得重大进

展，各领域基础性制度体系基本形成”。

党的十九届四中全会通过的《决定》从党和国家事业发展的全局和长远出发，准确把握我国国家制度和国家治理体系的演进方向和规律，深刻回答了“坚持和巩固什么、完善和发展什么”这个重大政治问题，既阐明了必须牢牢坚持的重大制度和原则，又部署了推进制度建设的重大任务和举措，体现了总结历史和面向未来的统一、保持定力和改革创新的统一、问题导向和目标导向的统一，必将对推动各方面制度更加成熟更加定型、把我国制度优势更好转化为国家治理效能产生重大而深远的影响。

（二）实现中华民族伟大复兴中国梦的有力保证

经济社会持续健康发展的有力保证。十八大以来，我国经济建设取得重大成就，发展质量和效益不断提升，供给侧结构性改革深入推进，经济结构不断优化，区域发展协调性增强，创新驱动发展战略大力实施，创新型国家建设成果丰硕。我国经济已由高速增长阶段转向高质量发展阶段，经济面临较大下行压力，发展的质量和效益有待进一步提高，坚持和完善中国特色社会主义制度、推进国家治理体系和治理能力现代化，就是要彻底抛弃用旧的思维逻辑和方式方法再现高增长的想法，坚决破除一切妨碍科学发展、高质量发展的思想观念和体制机制弊端，为进一步实现我国经济高质量发展提供有力保证。

实现人民美好生活的有力保证。随着新时代我国社会主要矛盾转化为人民日益增长的美好生活需要和不平衡不充分的发展之间的矛盾，人民的美好生活需要日益广泛，不仅对物质文化提出了更好的要求，而且在民主、法治、公平、正义、安全、环境等方面的要求日益增长。当前和今后面临的突出问题是发展不平衡不充分，这已成为满足人民美好生活需要的主要制约因素。完善中国特色社会主义制度、推进国家治理体系和治理能力现代化，就是要破除影响最广大人民根本利益的发展不平衡和不充分，不断保障和改善民生、增进人民福祉，实现共同富裕。

应对风险挑战、赢得主动的有力保证。今天，我们比历史上任何时期都更接近、更有信心和能力实现中华民族伟大复兴的目标，但中华民族伟大复兴绝不是轻轻松松、敲锣打鼓就能实现的。我国越发展壮大，遇到的阻力和压力就会越大，面临的外部风险就会越多。有效应对各种风险挑战，需要充分发挥制度的根本性、全局性、长远性作用。坚持和完善中国特色社会主义制度、推进国家治理体系和治理能力现代化，就是要运用制度威力应对风险挑战的冲击，确保实现中华民族伟大复兴的中国梦。

（三）促进人类制度文明发展进步的中国贡献

中国特色社会主义制度丰富了人类制度文明模式。中国特色社会主义是对中华文明 5 000 多年的传承发展中得来的，中华优秀文化是中国特色社会主义的文化之根、文明之源。中国特色社会主义制度是当代中国发展进步的根本制度保障，是具有鲜明中国特色、明显制度优势、强大自我完善能力的先进制度，这一制度体现在经济、政治、文化、社会、生态文明各个方面。经过 40 多年的改革开放，中国特色社会主义取得了举世瞩目的成绩，创造了世界历史上的发展奇迹，打破了发展中国家对西方国家现代化的“路径依赖”，为发展中国家走向现代化提供了成果经验，展现了光明前景。中国特色社会主义制度为人类探索建设更好社会制度贡献了中国智慧和中国方案。

坚持和完善中国特色社会主义制度是丰富和发展人类制度文明的重要体现。中国特色社会主义制度是以马克思主义为指导、植根中国大地、具有深厚中华文化根基、深得人民拥护的制度，既立足于我国社会发展的具体条件和特点，同时也可为其他国家制度建设提供借鉴。中国共产党带领人民坚持和完善中国特色社会主义制度，必将不断为人类制度文明发展进步作出重要贡献。①

延伸阅读

如何提高制度执行力把制度优势转化为治理效能?

习近平总书记指出：“制度的生命力在于执行。要强化制度执行力，加强制度执行的监督，切实把我国制度优势转化为治理效能。”我国国家治理体系和治理能力是中国特色社会主义制度及其执行能力的集中体现。坚持和完善中国特色社会主义制度、推进国家治理体系和治理能力现代化，不仅要建立完善的制度体系，还要在不断提高制度执行力上狠下功夫。

① 教育部习近平新时代中国特色社会主义思想研究中心. 坚持和完善中国特色社会主义制度的重大意义［EB/OL］. 人民网，2020-02-05.

（1）切实强化制度意识，深刻认识提高制度执行力的必要性和重要性。

（2）带头维护制度权威，做制度执行的表率。

（3）加强对制度执行的监督，坚决杜绝做选择、搞变通、打折扣的现象。

思考题

1. 如何理解我国国家制度和国家治理体系取得的显著优势？

2. 我国国家制度和国家治理体系、治理能力现代化的重点任务是什么？

3. 我国国家制度和国家治理体系、治理能力现代化的战略意义是什么？

专题三

稳中求进　实现经济高质量发展

70 多年前，毛泽东主席在天安门城楼上的宣告，标志着中国人民从此站起来了。70 多年来，我们完成社会主义革命，推进社会主义建设，进行改革开放新的伟大革命，极大地解放和发展了社会生产力。纵观 70 多年以来的发展，中华民族从站起来、富起来到强起来实现了历史性飞跃。

一、天道酬勤　春华秋实：新中国 70 多年经济建设创辉煌

70 多年来，全国各族人民砥砺奋进，顽强拼搏，从封闭落后迈向开放进步，从温饱不足迈向全面小康，从积贫积弱迈向繁荣富强，实现了我国经济社会的跨越式发展。国家财政实力日益壮大，公共财政体系逐步完善，财政宏观调控持续加强，财税体制改革不断深化，为推进经济平稳、健康、可持续发展作出重要贡献。金融业也不断与时俱进，适应经济高质量发展要求，呈现平稳健康发展新局面。

（一）从一穷二白到世界第二大经济体，综合国力和国际影响力实现历史性跨越

新中国成立 70 多年来，我国经济规模不断扩大，综合国力与日俱增，对世界经济增长的贡献大幅提升，国际地位和影响力显著增强。

1. 国民经济持续快速增长，经济总量连上新台阶

新中国诞生时，我国经济基础极为薄弱。1952 年我国国内生产总值仅为 679 亿元，人均国内生产总值为 119.35 元。经过长期努力，1978 年我国国内生产总

值增加到 3 679 亿元，占世界经济的比重为 1.8%，居全球第 11 位，人均国内生产总值为 381.23 元。改革开放以来，我国经济快速发展，2010 年经济总量达到 412 119 亿元，超过日本并连年稳居世界第二。党的十八大以来，我国综合国力持续提升。2019 年国内生产总值 990 865 亿元，比 2018 年增长 6.1%，明显高于全球经济增速，在世界主要经济体中名列前茅，在 1 万亿美元以上的经济体中位居第一。2019 年，我国人均国内生产总值为 70 892 元，按年平均汇率折算达到了 10 276 美元，突破了 1 万美元的大关，实现了新的跨越。

2. 财政实力由弱变强，外汇储备大幅增加

新中国成立初期，我国财政十分困难。1950 年全国财政收入仅为 62 亿元，1978 年增加到 1 132 亿元。改革开放以来，随着经济快速发展，财政收入大幅增长。2012 年达到 117 254 亿元。党的十八大以来，财政收入继续保持较快增长，2018 年达到 183 352 亿元。1951—2018 年全国财政收入年均增长 12.5%，其中 1979—2018 年年均增长 13.6%，为促进经济发展、改善人民生活提供了有力的资金保障。20 世纪 50—70 年代，我国外汇储备相当紧张。改革开放以来，我国外汇储备稳步增加，据国家外汇管理局数据显示，截至 2020 年 3 月末，我国外汇储备规模为 30 606 亿美元，外汇储备规模占全球外汇储备规模近 30%，连续多年稳居世界第一。

3. 国际地位显著提升，影响力日益彰显

新中国成立到改革开放前，受外来封锁等影响，我国与世界其他国家的经济交往较少。20 世纪 50 年代，与苏联东欧国家一度开展交流；70 年代，我国恢复在联合国的合法席位，与其他国家和国际组织的交往明显扩大。改革开放以来，我国积极融入国际社会，在国际事务中发挥愈加重要的作用。党的十八大以来，我国积极推动共建“一带一路”，得到 160 多个国家（地区）和国际组织的积极响应；倡议构建人类命运共同体，积极参与以 WTO 改革为代表的国际经贸规则制定，在全球治理体系变革中贡献了中国智慧，展现了大国担当。

（二）从结构单一到百业兴旺，产业结构持续优化升级

1. 农业生产条件持续改善，综合生产能力快速提升

新中国成立初期，我国农业生产基础单薄，“靠天吃饭”现象明显，粮食产量较低。20 世纪 60—70 年代，在十分困难的条件下推进了农田水利设施建设。改

革开放以来，随着农村改革的深化，农业综合生产能力不断提升，农业经济快速发展。党的十八大以来，农业机械化程度持续提高，主要农产品产量稳定增长。

2. 工业体系逐步完善，多项工业品产量居世界第一

新中国成立之初我国工业部门十分单一，大量工业产品依赖进口。新中国成立后，拉开了我国工业化的大幕，20 世纪 50—70 年代我国初步建成独立的、比较完整的工业体系，为之后的工业发展打下了宝贵基础。改革开放以来，我国工业发展进入腾飞期，党的十八大以来，我国工业生产能力日益增强，并逐步向中高端迈进。目前，我国已成为拥有联合国产业分类中全部工业门类的国家，200 多种工业品产量居世界第一，制造业增加值自 2010 年起稳居世界首位。

3. 服务业蓬勃发展，满足生产生活需求能力不断提高

新中国成立初期直至 20 世纪 70 年代，生产资料行业优先发展，服务业发展相对缓慢。改革开放以来，服务业随市场繁荣而日益兴旺，进入发展快车道。党的十八大以来，服务业迸发出前所未有的生机和活力，生产性服务业和生活性服务业并行发展，新产业、新业态、新模式不断涌现，成为保障就业、稳定经济的重要力量。

4. 产业结构不断优化，协同发展的产业体系不断改善

新中国成立初期，我国农业占比较高，工业和服务业相对薄弱。20 世纪 50—70 年代，随着工业化建设的推进，第二产业比重不断提升。改革开放以来，工业化、城镇化快速发展，农业基础巩固加强，工业和服务业发展水平不断提高。党的十八大以来，我国农业、工业、服务业协同发展。

（三）从瓶颈制约到优势支撑，基础产业和基础设施实现重大飞跃

1. 交通运输发展成就斐然，综合运输网络四通八达

新中国成立初期，我国交通十分落后。新中国成立 70 多年来特别是改革开放以来，我国综合运输体系建设逐步加快，交通网络日益完善，运输能力和效率明显提升。交通线路长度随现代化建设成倍增长。党的十八大以来，我国综合运输大通道基本贯通，交通基础设施网络化水平进一步提高，服务保障能力大幅提升。2019 年末，全国铁路营业里程达 13.9 万公里以上，其中高铁 3.5 万公里，占全球高铁里程超过 2/3，高居世界第一。到 2020 年，全国铁路营业里程达到 15 万公里，复线率和电气化率分别达到 60% 和 70% 左右，基本形成布局合理、覆盖

广泛、层次分明、安全高效的铁路网络。以“四纵四横”为主骨架的高铁网基本形成。

2. 能源供给能力大幅提升，基础保障作用日益增强

新中国成立初期，我国能源供给严重短缺。1949 年，我国能源生产总量远远满足不了国内需求。经过 70 多年特别是改革开放以来的不断努力，我国能源供给能力明显增强，建立了较为完善的能源供给体系。党的十八大以来，能源利用效率不断提高，清洁能源利用大幅增加，水电、风电、太阳能发电装机规模持续扩大，我国成为全球非化石能源的积极引领者。

（四）从城乡分割到统筹推进，区域协调发展呈现新格局

1. 城镇化水平显著提高，城市建设多姿多彩

新中国成立初期，我国城镇化水平很低，城镇人口占总人口的比重仅为 10.6%。1978 年末常住人口城镇化率也仅为 17.9%。改革开放以来，我国城镇化进程明显加快，城镇化水平不断提高。党的十八大以来，随着户籍制度的改革和居住证制度的推进实施，农民工市民化程度不断提高。伴随工业化和城镇化进程逐步加速，城市数量持续增加，城镇网络体系不断完善。1949—2018 年，城市数量由 132 个发展到 672 个。

2. 农村建设成效显著，乡村面貌焕然一新

新中国成立初期，我国农业生产方式十分落后。随着人口较快增长，农民温饱问题长期未得到解决，农村建设相对滞后。改革开放以来，党中央国务院高度重视“三农”问题，在积极推进城镇化发展的同时，坚持工业反哺农业、城市支持农村，农村基础设施建设持续加强，农村交通、通信明显改善。党的十八大以来，乡村振兴战略稳步实施，美丽宜居乡村加快建设，农村人居环境明显改善。

3. 区域经济联动发展，新的增长极和增长带蓄势崛起

新中国成立初期，我国地区差距很大，工业基础薄弱，且都集中在“广（州）大（连）上（海）青（岛）天（津）”等沿海城市。20 世纪 50—70 年代，在工业化建设中，生产力布局逐步变化。改革开放以来，随着西部大开发、中部崛起、东北振兴、东部率先发展等地区协调发展战略统筹推进，区域发展新空间不断拓展。党的十八大以来，京津冀协同发展、长江经济带、粤港澳大湾区、长三角一体化

等一系列重大区域发展战略扎实推进，新的经济增长极加快形成。

（五）从封闭、半封闭到全方位对外开放，国际合作和经贸往来发展成就举世瞩目

1. 贸易大国地位日益巩固，货物贸易规模跃居世界首位

新中国成立初期，我国外贸落后失衡，进出口规模十分有限。20 世纪 50—70 年代，进出口略有扩大但仍处于较低水平。改革开放以来特别是 2001 年正式加入世界贸易组织后，我国对外贸易快速发展。党的十八大以来，我国坚定支持多边贸易体制，积极推进贸易投资自由化、便利化，多边经贸关系和区域经济合作全面发展，共建“一带一路”效果显现。

2. 引进外资大幅增加，日益成为吸引全球投资的热土

新中国成立初期直至 20 世纪 70 年代，我国利用外资渠道单一、规模很小。改革开放以来，我国市场准入不断放宽，投资环境持续优化，引进外资规模大幅增加。党的十八大以来，我国加快推进高水平对外开放，全面落实准入前国民待遇加负面清单管理制度，引进外商直接投资领域不断拓展，服务业逐渐成为外商投资的新热点。

3. 对外投资层次和水平不断提升，参与国际分工能力明显加强

新中国成立以来至 20 世纪 70 年代，我国只有少数企业开展对外交流。改革开放以来，外贸迅速发展，带动了企业逐步走出去。进入 21 世纪，我国企业对外投资步伐明显加快。党的十八大以来，共建“一带一路”促进了设施联通和贸易畅通，2019 年我国对“一带一路”沿线 56 个国家非金融类直接投资为 150.4 亿美元，2020 年 1 月我国对“一带一路”沿线国家非金融类投资达 15.9 亿美元。目前，我国参与了全球 34 个国家的建设经营，海运服务覆盖沿线所有沿海国家。

（六）从发展落后到创新驱动，科技事业欣欣向荣

科技实力显著增强，重大成果不断涌现。新中国成立初期，我国科技发展水平落后，科研人员和研究机构短缺。20 世纪 50—70 年代，我国自力更生发展科技事业，国防工业和国防科技体系初步建立，取得了“两弹一星”等重大成果，但科技总体水平仍然明显落后于发达国家。改革开放以来，随着科教兴国战略实施，科技体制改革深入推进，一系列重大科技计划出台，产学研结合不断强化，

科技领域投入持续增加，带动创新产出不断扩大。我国自 2013 年起成为世界第二大研发经费投入国，研发人员总量、发明专利申请量分别连续 6 年和 8 年居世界首位。党的十八大以来，我国在载人航天、探月工程、量子科学、深海探测、超级计算、卫星导航等诸多领域取得重大成果，创新驱动发展战略成效不断显现。

新中国成立 70 多年尤其是改革开放 40 多年经济建设取得了辉煌成就，也积累了宝贵经验，即一是必须坚持党对一切工作的领导，不断加强和改善党的领导；二是必须坚持以人民为中心，不断实现人民对美好生活的向往；三是必须坚持马克思主义指导地位，不断推进实践基础上的理论创新；四是必须坚持走中国特色社会主义道路，不断坚持和发展中国特色社会主义；五是必须坚持完善和发展中国特色社会主义制度，不断发挥和增强我国制度优势；六是必须坚持以发展为第一要务，不断增强我国综合国力；七是必须坚持扩大开放，不断推动共建人类命运共同体；八是必须坚持全面从严治党，不断提高党的创造力、凝聚力、战斗力；九是必须坚持辩证唯物主义和历史唯物主义世界观和方法论，正确处理改革发展稳定关系。

潮平两岸阔，风正一帆悬。站在新的历史起点上，我国在新发展理念指引下，势必能够破解发展难题、增强发展动力、厚植发展优势，使我国经济实力和综合国力再迈上一个大台阶，让改革发展成果更多更公平惠及全体人民。①

二、同心同德　继往开来：开创现代化经济体系建设新局面

挑战与机遇总是同生共存。当前，我国正处在转变发展方式、优化经济结构、转换增长动力的攻关期，结构性、体制性、周期性问题相互交织，“三期叠加”影响持续深化，经济下行压力加大。世界经济增长持续放缓，仍处在国际金融危机后的深度调整期，保护主义、单边主义愈演愈烈，世界大变局加速演变的特征更趋明显，全球动荡源和风险点显著增多。

面对国内外风险挑战明显上升的复杂局面，在以习近平同志为核心的党中央坚强领导下，全党全国贯彻党中央决策部署，坚持稳中求进工作总基调，坚持以供给侧结构性改革为主线，推动高质量发展，扎实做好“六稳”工作，保持经济社会持续健康发展，三大攻坚战取得关键进展，精准脱贫成效显著，金融风险有

① 沧桑巨变七十载　民族复兴铸辉煌——新中国成立 70 周年经济社会发展成就系列报告之一［EB/OL］. 国家统计局网站，2019-07-01.

效防控，生态环境质量总体改善，改革开放迈出重要步伐，供给侧结构性改革继续深化，科技创新取得新突破，人民群众获得感、幸福感、安全感提升，全面建成小康社会取得新的重大进展。

（一）坚定信心　在稳中求进中深化改革开放

当前和今后一个时期，我国经济稳中向好、长期向好的基本趋势没有变，经济韧性好、潜力足、回旋余地大的基本特征没有变，经济持续增长的良好支撑基础和条件没有变，经济结构调整的前进态势没有变。我们有党的坚强领导和中国特色社会主义制度的显著优势，有改革开放以来积累的雄厚物质技术基础，有超大规模的市场优势和内需潜力，有庞大的人力资本和人才资源，全党全国坚定信心、同心同德，一定能战胜各种风险挑战。

我们要以习近平新时代中国特色社会主义思想为指导，全面贯彻党的十九大会议精神，坚决贯彻党的基本理论、基本路线、基本方略，增强“四个意识”、坚定“四个自信”、做到“两个维护”，紧扣全面建成小康社会目标任务，坚持稳中求进工作总基调，坚持新发展理念，坚持以供给侧结构性改革为主线，坚持以改革开放为动力，推动高质量发展，坚决打赢三大攻坚战，全面做好“六稳”工作，统筹推进稳增长、促改革、调结构、惠民生、防风险、保稳定，保持经济运行在合理区间，确保全面建成小康社会，得到人民认可、经得起历史检验。

要坚持用辩证思维看待形势发展变化，增强必胜信心，善于把外部压力转化为深化改革、扩大开放的强大动力，集中精力办好自己的事。要坚持宏观政策要稳、微观政策要活、社会政策要托底的政策框架，坚持问题导向、目标导向、结果导向，提高宏观调控的前瞻性、针对性、有效性，运用好逆周期调节工具。要坚决打好三大攻坚战，确保实现脱贫攻坚目标任务，确保实现污染防治攻坚战阶段性目标，确保不发生系统性金融风险。要加快现代化经济体系建设，推动农业、制造业、服务业高质量发展，加强基础设施建设，推动形成优势互补高质量发展的区域经济布局，提升科技实力和创新能力，深化经济体制改革，建设更高水平开放型经济新体制。

实践证明，我国经济稳中向好、长期向好的根本原因在于我们坚持党中央集中统一领导，保持战略定力，坚持稳中求进，深化改革开放，充分发挥中央和地方两个积极性。必须科学稳健把握宏观政策逆周期调节力度，增强微观主体活力，把供给侧结构性改革主线贯穿于宏观调控全过程；必须从系统论出发优化经济治理方式，加强全局观念，在多重目标中寻求动态平衡；必须善于通过改革破除发展面临的体制机制障碍，激活蛰伏的发展潜能，让各类市场主体在科技创新和国内国际市场竞争的第一线奋勇拼搏；必须强化风险意识，牢牢守住不发生系统性风险的底线。

要坚持稳字当头，坚持宏观政策要稳、微观政策要活、社会政策要托底的政策框架，提高宏观调控的前瞻性、针对性、有效性。要积极进取，坚持问题导向、目标导向、结果导向，在深化供给侧结构性改革上持续用力，确保经济实现量的合理增长和质的稳步提升。要继续抓重点、补短板、强弱项，确保全面建成小康社会。

（二）树立全局观念　在动态平衡中狠抓重点工作

1. 坚定不移贯彻新发展理念

理念是行动的先导。新时代抓发展，必须更加突出发展理念，坚定不移贯彻创新、协调、绿色、开放、共享的新发展理念，推动高质量发展。各级党委和政府必须适应我国发展进入新阶段、社会主要矛盾发生变化的必然要求，紧紧扭住新发展理念推动发展，把注意力集中到解决各种不平衡不充分的问题上。要树立全面、整体的观念，遵循经济社会发展规律，重大政策出台和调整要进行综合影响评估，切实抓好政策落实，坚决杜绝形形色色的形式主义、官僚主义。要把坚持贯彻新发展理念作为检验各级领导干部的一个重要尺度。

2. 坚决打好三大攻坚战

要确保脱贫攻坚任务如期全面完成，集中兵力打好深度贫困歼灭战，政策、资金重点向“三区三州”等深度贫困地区倾斜，落实产业扶贫、易地搬迁扶贫等措施，严把贫困人口退出关，巩固脱贫成果。要建立机制，及时做好返贫人口和新发生贫困人口的监测和帮扶。要打好污染防治攻坚战，坚持方向不变、力度不减，突出精准治污、科学治污、依法治污，推动生态环境质量持续好转。要重点打好蓝天、碧水、净土保卫战，完善相关治理机制，抓好源头防控。我国金融体系总体健康，具备化解各类风险的能力。要保持宏观杠杆率基本稳定，压实各方责任。

3. 确保民生特别是困难群众基本生活得到有效保障和改善

要发挥政府作用保基本，注重普惠性、基础性、兜底性，做好关键时点、困难人群的基本生活保障。要稳定就业总量，改善就业结构，提升就业质量，突出抓好重点群体就业工作，确保零就业家庭动态清零。要加快补齐民生短板，有效解决进城务工人员子女上学难问题。要兜住基本生活底线，确保养老金按时足额发放，加快推进养老保险全国统筹。要发挥市场供给灵活性优势，深化医疗养老等民生服务领域市场化改革和对内对外开放，增强多层次多样化供给能力，更好实现社会效益和经济效益相统一。要加大城市困难群众住房保障工作，加强城市更新和存量住房改造提升，做好城镇老旧小区改造，大力发展租赁住房。要坚持房子是用来住的、不是用来炒的定位，全面落实因城施策，稳地价、稳房价、稳预期的长效管理调控机制，促进房地产市场平稳健康发展。

4. 继续实施积极的财政政策和稳健的货币政策

积极的财政政策要大力提质增效，更加注重结构调整，坚决压缩一般性支出，做好重点领域保障，支持基层保工资、保运转、保基本民生。稳健的货币政策要灵活适度，保持流动性合理充裕，货币信贷、社会融资规模增长同经济发展相适应，降低社会融资成本。要深化金融供给侧结构性改革，疏通货币政策传导机制，增加制造业中长期融资，更好缓解民营和中小微企业融资难、融资贵问题。财政政策、货币政策要同消费、投资、就业、产业、区域等政策形成合力，引导资金投向供需共同受益、具有乘数效应的先进制造、民生建设、基础设施短板等领域，促进产业和消费“双升级”。要充分挖掘超大规模市场优势，发挥消费的基础作用和投资的关键作用。

5. 着力推动高质量发展

要坚持巩固、增强、提升、畅通的方针，以创新驱动和改革开放为两个轮子，全面提高经济整体竞争力，加快现代化经济体系建设。要狠抓农业生产保障供给，加快农业供给侧结构性改革，带动农民增收和乡村振兴。要深化科技体制改革，加快科技成果转化应用，加快提升企业技术创新能力，发挥国有企业在技术创新中的积极作用，健全鼓励支持基础研究、原始创新的体制机制，完善科技人才发现、培养、激励机制。要支持战略性产业发展，支持加大设备更新和技改投入，推进传统制造业优化升级。要落实减税降费政策，降低企业用电、用气、物流等成本，有序推进“僵尸企业”处置。要健全体制机制，打造一批有国际竞争力的先进制造业集群，提升产业基础能力和产业链现代化水平。要大力发展数字经济。要更多依靠市场机制和现代科技创新推动服务业发展，推动生产性服务业向专业化和价值链高端延伸，推动生活性服务业向高品质和多样化升级。要重视解决好

“一老一小”问题，加快建设养老服务体系，支持社会力量发展普惠托育服务，推动旅游业高质量发展，推进体育健身产业市场化发展。

要着眼国家长远发展，加强战略性、网络型基础设施建设，推进川藏铁路等重大项目建设，稳步推进通信网络建设，加快自然灾害防治重大工程实施，加强市政管网、城市停车场、冷链物流等建设，加快农村公路、信息、水利等设施建设。要加快落实区域发展战略，完善区域政策和空间布局，发挥各地比较优势，构建全国高质量发展的新动力源，推进京津冀协同发展、长三角一体化发展、粤港澳大湾区建设，打造世界级创新平台和增长极。要扎实推进雄安新区建设，落实长江经济带共抓大保护措施，推动黄河流域生态保护和高质量发展。要提高中心城市和城市群综合承载能力。

6. 深化经济体制改革

要加快建设高标准市场体系。要加快国资国企改革，推动国有资本布局优化调整。要完善产权制度和要素市场化配置，健全支持民营经济发展的法治环境，完善中小企业发展的政策体系。要改革土地计划管理方式，深化财税体制改革。要加快金融体制改革，完善资本市场基础制度，提高上市公司质量，健全退出机制，稳步推进创业板和新三板改革。对外开放要继续往更大范围、更宽领域、更深层次的方向走，加强外商投资促进和保护，继续缩减外商投资负面清单。推动对外贸易稳中提质，引导企业开拓多元化出口市场。要降低关税总水平。发挥好自贸试验区改革开放试验田作用，推动建设海南自由贸易港，健全“一带一路”投资政策和服务体系。要主动参与全球经济治理变革，积极参与世贸组织改革，加快多双边自贸协议谈判。

要完善和强化“六稳”举措，健全财政、货币、就业等政策协同和传导落实机制，确保经济运行在合理区间。要巩固和拓展减税降费成效，大力优化财政支出结构，进一步缓解企业融资难、融资贵问题，多措并举保持就业形势稳定。要依靠改革优化营商环境，深化简政放权、放管结合、优化服务。要制定实施国企改革行动方案，提升国资国企改革综合成效，优化民营经济发展环境。要推动实体经济发展，提升制造业水平，发展新兴产业，促进大众创业万众创新。要强化民生导向，推动消费稳定增长，切实增加有效投资，释放国内市场需求潜力。要确保实现脱贫攻坚目标、巩固脱贫成果，毫不放松抓好农业生产，扎实推进乡村振兴。要推进更高水平对外开放，保持对外贸易稳定增长，稳定和扩大利用外资，扎实推进共建“一带一路”。要加强污染防治和生态建设，加快推动形成绿色发展方式。要扎实做好民生保障工作，持续改善人民生活。

建设现代化经济体系的“七个要”

要建设创新引领、协同发展的产业体系，实现实体经济、科技创新、现代金融、人力资源协同发展，使科技创新在实体经济发展中的贡献份额不断提高，现代金融服务实体经济的能力不断增强，人力资源支撑实体经济发展的作用不断优化。

要建设统一开放、竞争有序的市场体系，实现市场准入畅通、市场开放有序、市场竞争充分、市场秩序规范，加快形成企业自主经营公平竞争、消费者自由选择自主消费、商品和要素自由流动平等交换的现代市场体系。

要建设体现效率、促进公平的收入分配体系，实现收入分配合理、社会公平正义、全体人民共同富裕，推进基本公共服务均等化，逐步缩小收入分配差距。

要建设彰显优势、协调联动的城乡区域发展体系，实现区域良性互动、城乡融合发展、陆海统筹整体优化，培育和发挥区域比较优势，加强区域优势互补，塑造区域协调发展新格局。

要建设资源节约、环境友好的绿色发展体系，实现绿色循环低碳发展、人与自然和谐共生，牢固树立和践行绿水青山就是金山银山理念，形成人与自然和谐发展现代化建设新格局。

要建设多元平衡、安全高效的全面开放体系，发展更高层次开放型经济，推动开放朝着优化结构、拓展深度、提高效益方向转变。

要建设充分发挥市场作用、更好发挥政府作用的经济体制，实现市场机制有效、微观主体有活力、宏观调控有度。

三、统筹兼顾　协调联动：部署规划区域一体化发展战略

潮涌神州，风劲正扬帆。我们要紧扣“一体化”和“高质量”两个关键，创

新一体化发展体制机制，抓好统筹协调，坚持"高质量"，培育创新活力，坚持创新共建、协调共进、绿色共保、开放共赢、民生共享。2019 年 11 月，习近平总书记在上海考察时强调，聚焦重点领域、重点区域、重大项目、重大平台，把一体化发展的文章做好。推动高质量发展既是适应我国社会主要矛盾变化的必然要求，又是遵循经济发展的必然要求。

（一）推进长江三角洲区域一体化发展

2018 年 11 月 5 日，习近平总书记在首届中国国际进口博览会上宣布，支持长江三角洲区域一体化发展并上升为国家战略。这是引领全国高质量发展、完善我国改革开放空间布局、打造我国发展强劲活跃增长极的重大战略举措。2019 年 12 月 1 日，《长江三角洲区域一体化发展规划纲要》正式公布，标志着这一国家战略进入了全面实施阶段。

1. 重大意义

一是有利于提升长江三角洲区域在世界经济格局中的能级和水平，引领我国参与全球合作和竞争。

二是有利于深入实施区域协调发展战略，探索区域一体化发展的制度体系和路径模式，引领长江经济带发展，为全国区域一体化发展提供示范。

三是有利于充分发挥区域内各地区的比较优势，提升长江三角洲区域整体综合实力，在全面建设社会主义现代化国家新征程中走在全国前列。

2. 总体要求

一是确定"一极三区一高地"战略定位。"一极"是全国发展强劲活跃增长极；"三区"是全国高质量发展样板区、率先基本实现现代化引领区、区域一体化发展示范区；"一高地"是新时代改革开放新高地。

二是提出两阶段发展目标。长江三角洲区域一体化发展到 2025 年要取得实质性进展，跨界区域、城市乡村等区域板块一体化发展达到较高水平，在科创产业、基础设施、生态环境、公共服务等领域基本实现一体化发展，全面建立一体化发展的体制机制。到 2035 年要达到较高水平，现代化经济体系基本建成，城乡区域差距明显缩小，公共服务水平趋于均衡，基础设施互联互通全面实现，人民基本生活保障水平大体相当，一体化发展体制机制更加完善，整体达到全国领先水平，成为最具影响力和带动力的强劲活跃增长极。

3. 重大任务

一是推动形成区域协调发展新格局。强化区域联动发展，加快都市圈一体化发展，促进城乡融合发展，推进跨界区域共建共享。

二是加强协同创新产业体系建设。构建区域创新共同体，加强产业分工协作，推动产业与创新深度融合。

三是提升基础设施互联互通水平。协同建设一体化综合交通体系，共同打造数字长三角，协同推进跨区域能源基础设施建设，加强省际重大水利工程建设。

四是强化生态环境共保联治。共同加强生态保护，推进环境协同防治，推动生态环境协同监管。

五是加快公共服务便利共享。推进公共服务标准化、便利化，共享高品质教育医疗资源，推动文化旅游合作发展，共建公平包容的社会环境。

六是推进更高水平协同开放。共建高水平开放平台，协同推进开放合作，合力打造国际一流营商环境。

七是创新一体化发展体制机制。建立规则统一的制度体系，促进要素市场一体化，完善多层次多领域合作机制。

八是高水平建设长三角生态绿色一体化发展示范区。打造生态友好型一体化发展样板，创新重点领域一体化发展制度，加强改革举措集成创新，引领长三角一体化发展。

九是高标准建设上海自由贸易试验区新片区。打造更高水平自由贸易试验区，推进投资贸易自由化便利化，完善配套制度和监管体系，带动长三角新一轮改革开放。

（二）支持深圳建设中国特色社会主义先行示范区

为全面贯彻落实习近平新时代中国特色社会主义思想和习近平总书记关于深圳工作的重要讲话和指示批示精神，支持深圳建设中国特色社会主义先行示范区，于2019年8月9日正式发布《中共中央国务院关于支持深圳建设中国特色社会主义先行示范区的意见》。

1. 重大意义

一是有利于在更高起点、更高层次、更高目标上推进改革开放，形成全面深化改革、全面扩大开放新格局。

二是有利于更好实施粤港澳大湾区战略，丰富“一国两制”事业发展新实践。

三是有利于率先探索全面建设社会主义现代化强国新路径，为实现中华民族伟大复兴的中国梦提供有力支撑。

2. 总体要求

一是确立高质量发展高地、法治城市示范、城市文明典范、民生幸福标杆、可持续发展先锋的战略定位。

二是提出三阶段发展目标。到 2025 年，深圳经济实力、发展质量跻身全球城市前列，建成现代化国际化创新型城市。到 2035 年，建成具有全球影响力的创新创业创意之都，成为我国建设社会主义现代化强国的城市范例。到 21 世纪中叶，建设成为竞争力、创新力、影响力卓著的全球标杆城市。

3. 重大任务

一是率先建设体现高质量发展要求的现代化经济体系。加快实施创新驱动发展战略；加快构建现代产业体系；加快形成全面深化改革开放新格局；助推粤港澳大湾区建设。

二是率先营造彰显公平正义的民主法治环境。全面提升民主法治建设水平；优化政府管理和服务；促进社会治理现代化。

三是率先塑造展现社会主义文化繁荣兴盛的现代城市文明。全面推进城市精神文明建设；发展更具竞争力的文化产业和旅游业。

四是率先形成共建共治共享共同富裕的民生发展格局。提升教育医疗事业发展水平；完善社会保障体系。

五是率先打造人与自然和谐共生的美丽中国典范。完善生态文明制度；构建城市绿色发展新格局。

（三）推进西部大开发形成新格局

中国特色社会主义新时代的历史方位和社会主要矛盾的变化，决定了新时代西部大开发面临的新形势。2019 年 3 月，中央全面深化改革委员会第七次会议审议通过了《关于新时代推进西部大开发形成新格局的指导意见》，提出西部地区要更加注重抓好大保护，更加注重抓好大开放，更加注重推动高质量发展，推进西部大开发加快形成新格局，西部地区将站在新的历史起点上再创辉煌。

1. 新时代西部大开发面临新形势

一是全面推进生态文明建设，共建美好家园的新形势。西部地区是我国重要的生态安全屏障，是建设美好家园的重要组成部分，同时，西部地区正处在与全国同步全面建成小康社会、开启现代化建设新征程的关键时期。西部地区的全面小康社会和现代化建设决不能以牺牲环境为代价，而应该是实现 GEP 和 GDP 的双增长、双提升，在实现经济更繁荣和人民更富裕的同时，同步实现生态更优美，使天更蓝、山更青、水更绿。

二是“一带一路”倡议行稳致远，共建人类命运共同体的新形势。西部地区在“一带一路”倡议中发挥着联外接内的独特区位优势，是加强中国与“一带一路”参与国沟通的重要通道和纽带，尤其是在与中亚和南亚相关国家和地区联系中，西部地区发挥了桥头堡的重要作用。

三是社会主要矛盾转换，促进高质量发展的新形势。要解决西部地区发展不平衡不充分问题，就需要加快质量变革、效率变革、动力变革，保持西部地区持续稳定的经济增长，构建东中西统筹、南北方协调的区域发展新格局。

2. 确定西部大开发新格局

一是注重抓好大保护，走生态优先绿色发展之路。要筑牢国家生态安全屏障；要积极探索生态产品价值市场化实现机制；要加快形成绿色发展的模式。

二是注重抓好大开放，走合作繁荣发展之路。要加快完善西部地区对“一带一路”的基础支撑作用；要积极推进西部地区对外开放；要加快构建法治化、国际化、便利化的营商环境。

三是注重推动高质量发展，走人与自然和谐发展之路。要深入推进供给侧结构性改革；要加快构建支撑西部地区高质量发展的现代产业体系；要走人与自然和谐发展之路。

我国经济已经由高速增长阶段转向高质量发展阶段，正处在转变发展方式、优化经济结构、转换增长动力的关键期，建设现代化经济体系是跨越关口的迫切要求和我国发展的战略目标。必须坚持质量第一、效益优先，以供给侧结构性改革为主线，推动经济发展质量变革、效率变革、动力变革，提高全要素生产率，着力加快建设实体经济、科技创新、现代金融、人力资源协调发展的产业体系，着力构建市场机制有效、微观主体有活力、宏观调控有度的经济体制，不断增强我国经济创新力和竞争力。

长三角34家国家高新区聚首：率先成为硬科技创新策源地

由科技部火炬中心主办的国家高新区高质量发展协调会（长三角片区）2019年12月在上海张江科学城召开。来自三省一市的34家国家高新区联合发出倡议：通过提升原始创新能力，率先成为硬科技创新策源地。

高新区在我国的创新发展中，发挥着不可或缺的作用。统计显示，长三角34家国家高新区2018年的GDP达2.89万亿元，占全国国家高新区GDP的26.1%，占长三角区域GDP的13.7%，是推动长三角区域创新、实现高质量发展的主力军。

此次召开的高质量发展协调会，是长三角一体化上升为国家战略后，区域内34家国家高新区的首次聚首。当前，长三角区域的各个国家高新区之间，已经开展了不少合作。如以上海松江为起点，长三角区域9个城市共建G60科创走廊；上海嘉定区与江苏省苏州市签订战略合作框架协议，共建"嘉昆太协同创新核心圈"；苏州工业园区与安徽省滁州市合作，共建苏滁现代产业园；等等。

作为长三角国家高新区的领头羊，上海张江高新区以张江科学城为主要承载区，布局建设一批国家重大科技基础设施。上海市科创办专职副主任侯劲说，上海建成和在建的大科学设施已达14个，涵盖光子、生命、海洋、能源等领域。"这些大科学设施对外都是开放的，长三角区域内的科研院所和企业有着近水楼台的便利。"

在部分硬科技如集成电路领域，长三角区域的国家高新区正在加快构建协同创新的格局。如位于张江科学城的上海集成电路设计产业园，吸引了紫光集团、阿里巴巴等知名企业入驻。上海的华虹集团走出上海，投资100亿美元在无锡建设集成电路研发和制造基地，目前一期已建成投产。

在此次高质量发展协调会上，上海张江、江苏南京、浙江杭州、安徽合肥等34家国家高新区联合发出倡议：要提升原始创新能力，率先成为硬科技创新策源地；全面深化体制机制改革，率先成为区域协同创新示范者；着力产业升级，率先成为高质量发展引领者；深化互联互通，率先成为开放合作先行者；优化生态环境，率先成为绿色发展实践者。

思考题

1. 如何理解新中国 70 多年经济建设取得的辉煌成就？

2. 当前我国现代化经济体系建设的主要内容有哪些？

3. 如何理解区域一体化发展战略的重大意义？

专题四

砥砺初心　“赶考”路上全面从严治党

坚持和加强党的全面领导，坚持党要管党、全面从严治党，以加强党的长期执政能力建设、先进性和纯洁性建设为主线，以党的政治建设为统领，以坚定理想信念宗旨为根基，以调动全党积极性、主动性、创造性为着力点，全面推进党的政治建设、思想建设、组织建设、作风建设、纪律建设，把制度建设贯穿其中，深入推进反腐败斗争，不断提高党的建设质量，把党建设成为始终走在时代前列、人民衷心拥护、勇于自我革命、经得起各种风浪考验、朝气蓬勃的马克思主义政党。

一、牢记初心使命，推进自我革命

无论我们党走得多远，都不能忘记来时的路，不能忘记历史，不能忘记初心。一个政党越是长期执政，越不能忘记初心和使命，越不能丧失自我革命精神。2019 年 5 月底开始“不忘初心、牢记使命”的主题教育，自上而下分两批进行，至 2020 年 1 月初已基本结束，取得了重大成果。主题教育是以习近平同志为核心的党中央统揽伟大斗争、伟大工程、伟大事业、伟大梦想作出的重大部署，对我们党不断进行自我革命，团结带领人民在新时代把坚持和发展中国特色社会主义这场伟大社会革命推向前进，对统筹推进“五位一体”总体布局、协调推进“四个全面”战略布局，实现“两个一百年”奋斗目标、实现中华民族伟大复兴的中国梦，具有十分重大的意义。

（一）永恒课题："不忘初心、牢记使命"

一个忘记来路的民族必定是没有出路的民族，一个忘记初心的政党必定是没有未来的政党。在山河破碎、民生凋敝的年代，无数仁人志士不断尝试救国救民之道，而历史和人民最终选择了中国共产党，原因就在于我们党为中国革命指明了正确的前进方向，并带领全国各族人民历经千辛万苦、付出巨大牺牲，取得了新民主主义革命的伟大胜利、开启了社会主义建设、实行了改革开放，从根本上改变了中国人民和中华民族的前途命运。连接历史与现实，才能更好地走向未来。

黑格尔说："历史题材中有属于未来的东西，找到了，作家就永恒。"不忘初心、牢记使命，就是不断明确党的性质宗旨、理想信念、奋斗目标，以此激励着我们党永远坚守，砥砺着我们党坚毅前行。"君子之学也，入乎耳，箸乎心，布乎四体，形乎动静。"（《荀子·劝学》）坚守初心和使命，我们将无惧困难、跨越险阻，不断发展壮大、毅然奋起；忘记初心和使命，我们就会改变性质、改变颜色，就会失去人民、失去未来。

马克思主义政党的先进性和纯洁性不是随着时间推移而自然保持下去的，共产党员的党性不是随着党龄增长和职务提升而自然提高的。我们必须不断深化党的自我革命，持续推动全党不忘初心、牢记使命，每个党员都要在思想政治上不断进行检视、剖析、反思，不断去杂质、除病毒、防污染，才能更好地应对重大挑战、抵御重大风险、克服重大阻力、解决重大矛盾。2016 年 12 月，中共中央印发的《关于加强党内法规制度建设的意见》指出："治国必先治党，治党务必从严，从严必依法度。"事实上，我们党从来不怕出现问题，因为我们党总能直面问题、敢于纠正错误，并在这一过程中淬炼理想信念、保持生机活力。

把酒酹滔滔，心潮逐浪高。以理想信念烛照奋进方向，我们的道路必将越走越宽广，我们的梦想必将化为光辉的现实。

（二）思想武装的重中之重：党的创新理论

共产党人的初心，不仅来自对人民的朴素感情、对真理的执着追求，更建立在马克思主义的科学理论之上。只有坚持思想建党、理论强党，不忘初心才能更加自觉，担当使命才能更加坚定。

"思想走在行动之前，就像闪电走在雷鸣之前一样。"德国诗人海涅的名言，生动地说明思想理论之于行动的极端重要性。回顾我们党的百年奋斗历程，其中最为鲜明的一点就是，始终重视思想建党、理论强党，使全党始终保持统一的思想、坚定的意志、协调的行动、强大的战斗力。自诞生之日起，中国共产党就把马克思主义写在自己的旗帜上，坚持将马克思主义与中国具体实际相结合，不断以马克思主义中国化的最新理论成果指导我们的革命、建设、改革实践，使中华民族迎来了从站起来、富起来到强起来的伟大飞跃，迎来了伟大复兴的光明前景。

始终保持思想理论上的先进性，是马克思主义政党的必然要求，也是推进中国特色社会主义实践的现实要求。当前，中华民族伟大复兴的战略全局和世界百年未有之大变局这“两个新大局”是我们谋划所有工作的基本出发点。如何准确把握我们所处的历史阶段，如何应对国际格局的加速演变，如何在大调整大动荡中继续开创我们的强国之路等，都对我们党的思想理论工作提出新要求。思想和理论的与时俱进，不能是一句口号，而要真正落实到思想和行动上，不能身子进了新时代，思想还停留在过去，工作思路和办法还是老一套，一些发展机遇一旦贻误就是永失。

中国共产党人依靠学习走到今天，也必然要依靠学习走向未来。毛泽东指出：“主义譬如一面旗子，旗子立起了，大家才有所指望，才知所趋赴。”作为当代中国的马克思主义、21 世纪的马克思主义，习近平新时代中国特色社会主义思想是指引党和人民战胜一切艰难险阻的强大思想武器，是全党全国人民为实现中华民族伟大复兴而奋斗的行动指南。新时代坚持思想建党、理论强党，最根本的就是要坚持用习近平新时代中国特色社会主义思想武装全党，不断增强“四个意识”、坚定“四个自信”、做到“两个维护”，筑牢信仰之基、补足精神之钙、把稳思想之舵。要把学习贯彻党的创新理论作为思想武装的重中之重，同学习马克思主义基本原理贯通起来，同学习党史、新中国史、改革开放史、社会主义发展史结合起来，同新时代我们进行伟大斗争、建设伟大工程、推进伟大事业、实现伟大梦想的丰富实践联系起来，永不自满、笃信笃行，积极主动学、联系实际学，切实增强贯彻落实的思想自觉和行动自觉。

站在承前启后的关键节点，历史的契机又一次等待我们把握。阔步走在大路上的我们要继续坚定不移推进思想建党、理论强党，坚持以习近平新时代中国特色社会主义思想武装头脑、指导实践、推动工作，让当代中国马克思主义、21 世纪马克思主义放射出更加灿烂的真理光芒，带领全国各族人民夺取新的伟大胜利。

（三）自我革命：正视问题的勇气和刀刃向内的自觉

回顾中国革命史与中国共产党历史可以发现，我们党总是在推动社会革命的同时，勇于推动自我革命。1945 年，毛泽东同志在党的七大上所作的政治报告《论联合政府》，概括了中国共产党的三大优良作风，即理论和实践相结合的作风、和人民群众紧密地联系在一起的作风以及自我批评的作风。自我批评，正是党的自我革命。

强大的政党是在自我革命中锻造出来的。勇于自我革命，从严管党治党，是我们党最鲜明的品格。我们党总是在推动社会革命的同时，勇于推动自我革命，始终坚持真理、修正错误，敢于正视问题、克服缺点，勇于刮骨疗毒、去腐生肌。正因为我们党始终坚持这样做，才能够在危难之际绝处逢生、失误之后拨乱反正，成为永远打不倒、压不垮的马克思主义政党。历史深刻表明：中国共产党的伟大不在于不犯错误，而在于从不讳疾忌医，敢于直面问题，勇于自我革命，具有极强的自我修复能力。

党的十八大以来，全面从严治党成效显著，全国人民给予高度评价。但也要看到，党的自我革命任重而道远，决不能有停一停、歇一歇的想法。只有在新时代把党的自我革命推向深入，切实解决违背初心和使命的各种问题，坚决清除一切弱化党的先进性、损害党的纯洁性的因素，才能把党建设成为始终走在时代前列、人民衷心拥护、勇于自我革命、经得起各种风浪考验、朝气蓬勃的马克思主义执政党。

初心易得，始终难守。要按照习近平总书记提出的明确要求，必须始终保持崇高的革命理想和旺盛的革命斗志，用好批评和自我批评这个锐利武器，驰而不息抓好正风肃纪反腐，不断增强党自我净化、自我完善、自我革新、自我提高的能力，坚决同一切可能动摇党的根基、阻碍党的事业的现象作斗争，荡涤一切附着在党肌体上的肮脏东西，把我们党建设得更加坚强有力。

敢于直面问题、勇于修正错误，是我们党的显著特点和优势。在新的征程上，始终牢记初心使命、不断推进自我革命，我们就一定能不断纯洁党的思想、纯洁党的组织、纯洁党的作风、纯洁党的肌体，在推动党领导人民进行的伟大社会革命中创造新的更大奇迹。

（四）“亮剑”品格：斗争精神

发扬斗争精神，必须坚持以人民为中心的根本立场。共产党人的斗争是有价值追求的，那就是为广大无产阶级和人民群众谋解放、谋幸福。马克思和恩格斯在《共产党宣言》中指出："过去的一切运动都是少数人的，或者为少数人谋利益的运动。无产阶级的运动是绝大多数人的，为绝大多数人谋利益的独立的运动。"中国共产党自成立以来，就把马克思主义写在自己的旗帜上。从浙江嘉兴南湖上的一叶扁舟，到今天浩荡前行的"中国号"巨轮，一代代优秀共产党人不怕牺牲、敢于斗争、接续奋斗，所共同坚持的初心使命就是为人民谋幸福、为民族谋复兴。

践行初心使命，必然要求发扬斗争精神。当前我国经济社会在蓬勃发展的同时，各种风险隐患也在不断积累，一些领域的风险甚至进入集中暴露时期，如果满足现状不思进取，回避矛盾不敢负责，那么历史机遇必然会被耽误。我们党要始终得到人民拥护和支持，书写中华民族千秋伟业，必须始终牢记初心和使命，坚决清除一切弱化党的先进性、损害党的纯洁性的因素，坚决割除一切滋生在党的肌体上的毒瘤，坚决防范一切违背初心和使命、动摇党的根基的危险。

中华民族伟大复兴，绝不是轻轻松松、敲锣打鼓就能实现的，实现伟大梦想必须进行伟大斗争。在前进道路上我们面临的风险考验只会越来越复杂，甚至会遇到难以想象的惊涛骇浪。在新时代的新长征路上，还有许多"雪山""草地"需要跨越，还有许多"娄山关""腊子口"需要征服，一切贪图安逸、不愿继续艰苦奋斗的想法都是要不得的，一切骄傲自满、不愿继续开拓前进的想法都是要不得的，全党必须勇于进行具有许多新的历史特点的伟大斗争。

"大事难事看担当，逆境顺境看襟度。"新形势下，我国面临复杂多变的发展和安全环境，要以强烈的政治责任感和历史使命感，安不忘危、存不忘亡、乐不忘忧，时刻保持警醒，不断振奋精神，保持只争朝夕、奋发有为的奋斗姿态和越是艰险越向前的斗争精神，努力创造经得起实践、人民、历史检验的实绩。

（五）重要遵循：党的制度建设

经国序民，正其制度。制度能起到根本性、全局性、长远性的作用。建立不忘初心、牢记使命的制度，使之成为一种长效机制，坚持不懈地锤炼党员、干部忠诚干净担当的政治品格，确保全党遵守党章，恪守党的性质和宗旨，坚持用共产主义远大理想和中国特色社会主义共同理想凝聚全党、团结人民，用习近平新时代中国特色社会主义思想武装全党、教育人民、指导工作，夯实党执政的思想基础，使一切工作顺应时代潮流、符合发展规律、体现人民愿望，才能让我们的党朝气蓬勃，始终走在时代前列、得到人民衷心拥护。

制度优势是一个政党、一个国家的最大优势。我们党自成立之日起就致力于建设人民当家作主的新社会，提出了关于未来国家制度的主张，并领导人民为之进行斗争。党的十八大以来，以习近平同志为核心的党中央坚持制度治党、依规治党，努力构建系统完备、科学规范、运行有效的制度体系，把全面从严治党提升到一个新的水平。我们正处在实现中华民族伟大复兴的关键时期，忧患意识不能丢，责任意识不能丢。建立不忘初心、牢记使命的制度，使之规范化、常态化、长效化，可以充分调动全体党员的积极性、主动性，做到真学真懂真信真用。

制度的生命力在于执行。建立不忘初心、牢记使命的制度，必须一手抓制定完善，一手抓落实落地。建章立制，要体现指导性、针对性、操作性，不能大而全，也不能小而碎，不能“牛栏关猫”，也不能过于繁琐，为制度的执行落实奠定良好基础。有了好的制度，如果不抓落实，只是写在纸上、贴在墙上、锁在抽屉里，制度就会成为稻草人、纸老虎。要强化制度执行力，坚决维护制度的严肃性和权威性，让铁规发力、让禁令生威，推动制度落地生根、发挥实效，把制度优势转化为治理效能。

九万里风鹏正举。当今世界正经历百年未有之大变局，形势环境变化之快、改革发展稳定任务之重、矛盾风险挑战之多、对我们党治国理政考验之大前所未有，不忘初心、牢记使命是加强党的建设的永恒课题和全体党员的终身课题。[①]

南湖红船赋

梁衡

红船者，嘉兴南湖上的一普通小船，为当年中共“一大”之会场。以一条小船而造就大党九千万，吞吐岁月近百年，古今中外唯此一船。

红船为建党之证，本该尊为文物，储于馆堂，永受细心之呵护，享国宝之典藏。然，今随意漂泊于湖畔，广接游人，披风沐雨，敞对青天，是别有寓意，寄情悠长。

---

① 光明日报“学习习近平总书记在主题教育总结大会上的重要讲话”系列评论［EB/OL］. 共产党员网，2020-01-13.

船之名“红”，借红色以言志，其意深远。当年长夜如磐，是红烛此处破黑暗，星火遍燃不夜天。从此，红色象征革命、象征进步、象征改革，代表民心、代表希望。今革命虽已成功，初心不敢忘，大业路还长。红旗立潮头，飞舟举风帆，舟前还有万重浪。

今船仍留湖上，任水拍浪打，轻轻摇荡，是为不忘古训：水可载舟，亦可翻船。登舟望湖，叹烟波浩渺，知来路之修远；抚舷临风，望峰回路转，更觉任重路长。船、船、船，想当年千帆齐发，金戈铁马曾渡江，一统江山；后又杀条血路去改革，船大掉头破冰坚；再后来，船到中流，壮士断腕，反腐倡廉，焕然一个新时期的中国共产党。船借水力，水助船航，掌船人最懂水与船。建党如同造船，同舟共济聚中坚；治国又如远航，几多风浪几多险。望湖兴叹，珍惜胜利，谨行吾船。

船静停于湖心岛上，依风雨楼前，是取居安思危，高瞻远瞩之意，勿忘前辙之鉴。南湖虽小，映照古今，不让八百里洞庭；小船如箭，一箭光阴，射穿两千年画卷。贾谊过秦、魏徵谏唐，毛泽东延安窑洞答客问，灯下细说治国方；陈胜揭竿、天朝末路，五大领袖览罢青史，一辞太行，西柏坡赴京去赶考，相约不做李闯王。今于建党96年后，十九大刚刚闭幕，全体新常委即南下南湖，毕恭毕敬，拜谒红船，历史空前。船、船、船！对小舟一叶，窗明几净，怎不教人细思默想。

呜呼，树高有根，水长有源。今党率众十数亿，国有版图九百六十万，不敢忘我九尺小船。南湖红船，永泊水面，年年拜祭，岁岁观瞻。不忘宗旨，续写新篇，辉煌大业，两个“一百年”。唯愿中华崛起，国泰民安。

资料来源：人民网，2018-01-02.

二、夯实根基本色，加强党的政治建设

党的政治建设是党的根本性建设，决定党的建设方向和效果。党的十九大把党的政治建设纳入党的建设总体布局并摆在首位，明确了政治建设在新时代党的建设中的战略定位，抓住了全面从严治党的根本性问题。党的政治建设是一个永

恒课题，要把准政治方向，坚持党的政治领导，夯实政治基础，涵养政治生态，防范政治风险，永葆政治本色，提高政治能力，为我们党不断发展壮大、从胜利走向胜利提供重要保证。

（一）新形势下加强党的政治建设的重大意义

1. 加强政治建设是马克思主义政党的根本要求

任何政党都有政治属性，都有自己的政治使命、政治目标、政治追求。马克思主义政党具有崇高政治理想、高尚政治追求、纯洁政治品质、严明政治纪律。中国共产党是以马克思主义理论武装起来的政党，是中国工人阶级的先锋队，同时是中国人民和中华民族的先锋队，代表中国先进生产力的发展要求，代表中国先进文化的前进方向，代表中国最广大人民的根本利益。党的十九大报告指出："中国特色社会主义最本质的特征是中国共产党的领导，中国特色社会主义制度的最大优势是中国共产党领导，党是最高领导力量。"党的最高理想和最终目标是实现共产主义，中国共产党始终高度重视并不断保持和发展自己作为马克思主义政党的先进性和纯洁性，不断增强党自我净化、自我完善、自我革新、自我提高能力。

为了维护和彰显我们党的先进性和纯洁性，我们要加强党的政治建设，旗帜鲜明讲政治，坚决贯彻执行党的路线方针政策，严格遵守政治纪律和政治规矩。加强党的政治建设既符合政党本质属性的要求，又符合马克思主义政党保持自身先进性和纯洁性的根本要求。

2. 加强党的政治建设是继承和发扬党的政治建设优良传统的客观要求

旗帜鲜明讲政治，是中国共产党一以贯之的要求，也是党的优良传统。从古田会议上毛泽东同志提出思想建党、政治建军原则，到 1945 年党的七大提出"首先着重在思想上、政治上进行建设，同时也在组织上进行建设"；从新中国成立后毛泽东同志提出"政治工作是一切经济工作的生命线"，到改革开放后邓小平同志强调"到什么时候都得讲政治"；江泽民同志强调，领导干部一定要讲政治，"我们这里所说的政治，包括政治方向、政治立场、政治观点、政治纪律、政治鉴别力、政治敏锐性。在政治问题上，一定要头脑清醒"。胡锦涛同志指出："大力提高政治素质"，"不断提高政治鉴别力和政治敏锐性"。这些都表明注重从政治上建设党是我们党不断发展壮大、从胜利走向胜利的重要保证。

进入新时代，习近平总书记指出：“政治问题，任何时候都是根本性的大问题。”他强调，我们党作为马克思主义政党必须旗帜鲜明讲政治，严肃认真开展党内政治生活。讲政治，是我们党补钙壮骨、强身健体的根本保证，是我们党培养自我革命勇气、增强自我净化能力、提高排毒杀菌政治免疫力的根本途径。这就把党的政治建设的重要性提到了前所未有的高度。

实践证明，旗帜鲜明讲政治始终贯穿我们党领导革命、建设、改革历程和党加强自身建设的全过程，成为我们党从小到大、由弱到强和领导全国人民从站起来、富起来到强起来的独特优势和重要法宝。

3. 加强党的政治建设是推进全面治党的必然要求

党的十八大以来党的政治建设取得了很多成绩，反腐败斗争已经取得压倒性胜利，党风政风为之一新，党心民心为之一振。但我们党面临的执政环境是复杂的，影响党的先进性、弱化党的纯洁性的因素也是复杂的，党内存在的思想不纯、组织不纯、作风不纯等突出问题尚未得到根本解决，新形势下党面临的“四大考验”“四种危险”依然严峻。党的十八大以来查处的一些党员干部，其腐化堕落的深层原因，归根结底都是在政治上出了问题。习近平总书记指出，党内存在的很多问题，原因都是党的政治建设没有抓紧、没有抓实。

实践证明，我们把党的政治建设摆上突出位置，在坚定政治信仰、增强“四个意识”、维护党中央权威和集中统一领导、严明党的政治纪律和政治规矩、加强和规范新形势下党内政治生活、净化党内政治生态、正风肃纪、反腐惩恶等方面取得明显成效。党的政治建设决定党的建设方向和效果，不抓党的政治建设或背离党的政治建设指引的方向，党的其他建设就难以取得预期成效。加强党的政治建设任重道远，要推进全面从严治党向纵深发展，在有效解决党内存在的政治意识不强、政治立场不稳、政治能力不足、政治行为不端等突出问题上有新气象新作为。

（二）新形势下加强党的政治建设的主要部署

为深入贯彻落实习近平新时代中国特色社会主义思想和党的十九大精神，切实加强党的政治建设，坚持和加强党的全面领导，推进全面从严治党向纵深发展，不断提高党的执政能力和领导水平，确保全党统一意志、统一行动、步调一致向前进，2019 年 1 月中共中央印发了《关于加强党的政治建设的意见》，对新形势下党的政治建设各方面工作进行了部署。

1. 总体要求

旗帜鲜明讲政治是我们党作为马克思主义政党的根本要求。党的政治建设是党的根本性建设，决定党的建设方向和效果，事关统揽推进伟大斗争、伟大工程、伟大事业、伟大梦想。

在革命、建设、改革各个时期，我们党都高度重视党的政治建设，形成了讲政治的优良传统。党的十八大以来，以习近平同志为核心的党中央把党的政治建设摆在更加突出的位置，加大力度抓，形成了鲜明的政治导向，消除了党内严重政治隐患，推动党的政治建设取得重大历史性成就。同时，必须清醒看到，党内存在的政治问题还没有得到根本解决，一些党组织和党员干部忽视政治、淡化政治、不讲政治的问题还比较突出，有的甚至存在偏离中国特色社会主义方向的严重问题。切实有效解决这些问题，必须进一步加强党的政治建设。

加强党的政治建设，必须高举中国特色社会主义伟大旗帜，全面贯彻党的十九大精神，坚持以马克思列宁主义、毛泽东思想、邓小平理论、“三个代表”重要思想、科学发展观、习近平新时代中国特色社会主义思想为指导，坚持党的基本理论、基本路线、基本方略，落实新时代党的建设总要求，增强“四个意识”，坚定“四个自信”，坚决维护习近平总书记党中央的核心、全党的核心地位，坚决维护党中央权威和集中统一领导，把准政治方向，坚持党的政治领导，夯实政治根基，涵养政治生态，防范政治风险，永葆政治本色，提高政治能力，把我们党建设得更加坚强有力，确保我们党始终成为中国特色社会主义事业的坚强领导核心，为实现“两个一百年”奋斗目标和中华民族伟大复兴的中国梦提供坚强政治保证。

加强党的政治建设，目的是坚定政治信仰，强化政治领导，提高政治能力，净化政治生态，实现全党团结统一、行动一致。要以党章为根本遵循，把党章明确的党的性质和宗旨、指导思想和奋斗目标、路线和纲领落到实处。要凸显党的政治建设的根本性地位，聚焦党的政治属性、政治使命、政治目标、政治追求持续发力。要以党的政治建设为统领，把政治标准和政治要求贯穿党的思想建设、组织建设、作风建设、纪律建设以及制度建设、反腐败斗争始终，以政治上的加强推动全面从严治党向纵深发展，引领带动党的建设质量全面提高。要坚持问题导向，注重“靶向治疗”，针对政治意识不强、政治立场不稳、政治能力不足、政治行为不端等突出问题强弱项补短板。要把党的政治建设融入党和国家重大决策部署的制定和落实全过程，做到党的政治建设与各项业务工作特别是中心工作紧密结合、相互促进。

2. 目标任务

一是坚定政治信仰。坚持用党的科学理论武装头脑，巩固全党全国人民团结奋斗的共同思想基础。要深入学习习近平新时代中国特色社会主义思想，要坚定理想信念，牢固树立共产主义远大理想和中国特色社会主义共同理想，挺起共产党人的精神脊梁。坚定执行党的政治路线。必须全面贯彻实施新时代中国特色社会主义基本方略，统筹推进“五位一体”总体布局和协调推进“四个全面”战略布局，为实现“两个一百年”奋斗目标不懈努力。坚决站稳政治立场。必须始终坚定马克思主义立场，坚持党性和人民性相统一，坚决站稳党性立场和人民立场。

二是坚持党的政治领导。党是最高政治领导力量，党的领导是中国特色社会主义最本质的特征，是中国特色社会主义制度的最大优势。加强党的政治建设，必须坚持和加强党的全面领导，坚决做到“两个维护”。完善党的领导体制，坚持党总揽全局、协调各方，建立健全坚持和加强党的全面领导的制度体系，为把党的领导落实到改革发展稳定、内政外交国防、治党治国治军各领域各方面各环节提供坚实制度保障。改进党的领导方式，着眼于党把方向、谋大局、定政策、促改革，强化战略思维、创新思维、辩证思维、法治思维、底线思维，正确制定和坚决执行党的路线方针政策，不断增强党的政治领导力、思想引领力、群众组织力、社会号召力。

三是提高政治能力。必须进一步增强党组织政治功能，要认真贯彻落实新时代党的组织路线，不断强化各级各类党组织的政治属性和政治功能。彰显国家机关政治属性，要提高政治站位，把准政治方向，注重政治效果，考虑政治影响，确保政治和业务融为一体、高度统一。发挥群团组织政治作用，加大政治动员、政治引领、政治教育工作力度，更好承担起引导群众听党话、跟党走的政治任务，把自己联系的群众最广泛最紧密地团结在党的周围。强化国有企事业单位政治导向，必须始终坚持党的领导，坚决贯彻执行党的路线方针政策。不断提高党员干部政治本领，切实提高把握方向、把握大势、把握全局的能力和辨别政治是非、保持政治定力、驾驭政治局面、防范政治风险的能力。

四是净化政治生态。加强党的政治建设，必须把营造风清气正的政治生态作为基础性、经常性工作，浚其源、涵其林，养正气、固根本，锲而不舍、久久为功，实现正气充盈、政治清明。严肃党内政治生活，强化政治教育和政治引领，增强党内政治生活的时代性、原则性、战斗性。严明党的政治纪律和政治规矩，发展积极健康的党内政治文化，突出政治标准选人用人，永葆清正廉洁的政治本色。

三、永葆清正廉明，夺取反腐败斗争压倒性胜利

党的十九大以来，以习近平同志为核心的党中央立足世界百年未有之大变局，统揽中华民族伟大复兴战略全局，加强战略谋划，保持战略定力，坚持稳中求进工作总基调，统筹推进“五位一体”总体布局，协调推进“四个全面”战略布局，成功应对国内外风险挑战明显上升的复杂局面，推动党和国家各项事业取得新的重大成就。建构一体推进不敢腐、不能腐、不想腐，这不仅是反腐败斗争的基本方针，也是新时代全面从严治党的重要方略，持续深化标本兼治，优化党内政治生态。

（一）新时代全面治党新成就

党的十八大以来，我们党以前所未有的勇气和定力推进全面从严治党，推动新时代全面从严治党取得了历史性、开创性成就，产生了全方位、深层次影响。

1. 坚持全面从严治党

坚持以伟大自我革命引领伟大社会革命，健全党的领导制度体系，深化党的建设制度改革，完善全面从严治党制度，坚决扭转一些领域党的领导弱化、党的建设缺失、管党治党不力状况，使党始终成为中国特色社会主义事业的坚强领导核心。

2. 坚持科学理论引领

坚持以科学理论引领全党理想信念，建立不忘初心、牢记使命的制度，持之以恒用新时代中国特色社会主义思想武装全党、教育人民、指导工作，推进学习教育制度化常态化，不断坚定同心共筑中国梦的理想信念。

3. 坚持“两个维护”

坚持以“两个维护”引领全党团结统一，完善坚定维护党中央权威和集中统一领导的各项制度，健全党中央对重大工作的领导体制，以统一的意志和行动维护党的团结统一，不断增强党的政治领导力、思想引领力、群众组织力、社会号召力。

4. 坚决惩治腐败

坚持以正风肃纪反腐凝聚党心军心民心，坚决惩治腐败、纠治不正之风，坚决清除影响党的先进性和纯洁性的消极因素，健全为人民执政、靠人民执政的各项制度，让人民始终成为中国共产党执政和中国特色社会主义事业发展的磅礴力量。

党的十八大以来，我们党探索出一条长期执政条件下解决自身问题、跳出历史周期率的成功道路，构建起一套行之有效的权力监督制度和执纪执法体系，这条道路、这套制度必须长期坚持并不断巩固发展。

（二）新时代全面治党新要求新部署

1. 要强化政治监督保障制度执行，增强“两个维护”的政治自觉

要加强对党的十九届四中全会精神贯彻落实情况的监督检查，坚定不移坚持和巩固支撑中国特色社会主义制度的根本制度、基本制度、重要制度。要推动党中央重大决策部署落实见效，尤其要聚焦决胜全面建成小康社会、决战脱贫攻坚的任务加强监督，推动各级党组织尽锐出战、善作善成。要督促落实全面从严治党责任，切实解决基层党的领导和监督虚化、弱化问题，把负责、守责、尽责体现在每个党组织、每个岗位上。要保证权力在正确轨道上运行，坚持民主集中制，形成决策科学、执行坚决、监督有力的权力运行机制，督促公正用权、依法用权、廉洁用权。

2. 要坚持以人民为中心的工作导向，以优良作风决胜全面建成小康社会、决战脱贫攻坚

要通过清晰的制度导向，把干部干事创业的手脚从形式主义、官僚主义的桎梏、“套路”中解脱出来，形成求真务实、清正廉洁的新风正气。要在重大工作、重大斗争第一线培养干部、锤炼干部，让好干部茁壮成长、脱颖而出。要集中解决好贫困地区群众反映强烈、损害群众利益的突出问题，精准施治脱贫攻坚中的形式主义、官僚主义等问题，加强对脱贫工作绩效特别是贫困县摘帽情况的监督。要深入整治民生领域的“微腐败”、放纵包庇黑恶势力的“保护伞”、妨碍惠民政策落实的“绊脚石”，促进基层党组织全面过硬。

3. 要继续坚持“老虎”“苍蝇”一起打，重点查处不收敛不收手的违纪违法问题

要清醒认识腐蚀和反腐蚀斗争的严峻性、复杂性，认识反腐败斗争的长期性、

艰巨性，切实增强防范风险意识，提高治理腐败效能。对党的十八大以来不收敛不收手，严重阻碍党的理论和路线方针政策贯彻执行、严重损害党的执政根基的腐败问题，必须严肃查处、严加惩治。要坚决查处各种风险背后的腐败问题，深化金融领域反腐败工作，加大国有企业反腐力度，加强国家资源、国有资产管理，查处地方债务风险中隐藏的腐败问题。要坚决查处医疗机构内外勾结欺诈骗保行为，建立和强化长效监管机制。要完善境外国有资产监管制度。要坚决贯彻中央八项规定精神，保持定力、寸步不让，防止老问题复燃、新问题萌发、小问题坐大。要加强对各级“一把手”的监督检查，完善任职回避、定期轮岗、离任审计等制度，用好批评和自我批评武器。

4. 要深刻把握党风廉政建设规律，一体推进不敢腐、不能腐、不想腐

一体推进不敢腐、不能腐、不想腐，不仅是反腐败斗争的基本方针，也是新时代全面从严治党的重要方略。不敢腐、不能腐、不想腐是相互依存、相互促进的有机整体，必须统筹联动，增强总体效果。要以严格的执纪执法增强制度刚性，推动形成不断完备的制度体系、严格有效的监督体系，加强理想信念教育，提高党性觉悟，夯实不忘初心、牢记使命的思想根基。既要把“严”的主基调长期坚持下去，又要善于做到“三个区分开来”；既要合乎民心民意，又要激励干部担当作为，充分运用“四种形态”提供的政策策略，通过有效处置化解存量、强化监督遏制增量，实现政治效果、纪法效果、社会效果有机统一。

5. 要完善党和国家监督体系，统筹推进纪检监察体制改革

要继续健全制度、完善体系，使监督体系契合党的领导体制，融入国家治理体系，推动制度优势更好转化为治理效能。要把党委（党组）全面监督、纪委监委专责监督、党的工作部门职能监督、党的基层组织日常监督、党员民主监督等结合起来、融为一体。要以党内监督为主导，推动人大监督、民主监督、行政监督、司法监督、审计监督、财会监督、统计监督、群众监督、舆论监督有机贯通、相互协调。纪委监委要发挥好在党和国家监督体系中的作用，一体推动、落实纪检监察体制改革各项任务。

6. 要用严明的纪律维护制度，增强纪律约束力和制度执行力

要完善全覆盖的制度执行监督机制，强化日常督察和专项检查。要把制度执行情况纳入考核内容，推动干部严格按照制度履职尽责、善于运用制度谋事干事。

要以有效问责强化制度执行，既追究乱用滥用权力的渎职行为，也追究不用弃用权力的失职行为；既追究直接责任，也追究相关领导责任。

新时代全面从严治党的新要求新部署深刻总结新时代全面从严治党的历史性成就，深刻阐释我们党实现自我革命的成功道路、有效制度，深刻回答管党治党必须“坚持和巩固什么、完善和发展什么”的重大问题。一体推进不敢腐、不能腐、不想腐，不仅是反腐败斗争的基本方针，也是新时代全面从严治党的重要方略，要不断增强“四个意识”、坚定“四个自信”、做到“两个维护”，坚定稳妥、稳中求进，把“严”的主基调长期坚持下去，不断巩固发展反腐败斗争压倒性胜利。

中央纪委国家监委公布第三批专项整治漠视侵害群众利益问题工作成果

2019 年 11 月，中央纪委国家监委机关会同教育部、住房城乡建设部、交通运输部、市场监管总局、国家医保局、国家能源局等部门公布在“不忘初心、牢记使命”主题教育中专项整治漠视侵害群众利益问题工作的第三批成果。分别是：

持续开展整治食品安全问题联合行动。严厉打击食品生产经营环节违法违规行为，各地查处食品生产经营行政处罚案件 6.1 万件，罚没款 7.2 亿元，责令停产停业 1 282 户次，取缔无证企业 1 578 家，从业资格限制 97 人，行政拘留 236 人。解决学校及幼儿园食品安全主体责任不落实和食品安全问题，41.7 万所中小学校和幼儿园落实学校相关负责人陪餐制，39.8 万所中小学校和幼儿园建立家长委员会参与食堂安全监督机制，实现“明厨亮灶”的学校增长 6.7 万家、达到 34 万家；各地检查学校食堂、供餐单位及校园周边食品经营者 91.5 万户次，警告 1.5 万户次，立案查处 4 038 起，取缔无证经营者 1 113 户，撤换食品原料供货商 3 650 个。

整治住房租赁中介机构乱象，纠正和查处发布虚假房源信息、违规收费、恶意克扣押金租金、威胁恐吓承租人等问题，坚决取缔一批“黑中介”。

北京、上海、广州、成都、西安等40个重点城市共排查住房租赁中介机构2.94万家，查处违法违规住房租赁中介机构2 816家，通报曝光违法违规典型案例1 117起；全国共排查住房租赁中介机构5.77万家，查处违法违规住房租赁中介机构5 617家，通报曝光违法违规典型案例3 442起。各地曝光的案件中，游离在监管之外，采取威胁、恐吓等手段驱逐承租人，恶意克扣押金租金的2 021起；发布虚假房源信息诱骗群众租房的469起。

严肃查处定点医疗机构和零售药店骗取医疗保障基金问题。查处欺诈骗保定点医疗机构9.16万家，追回医保基金及违约金26.32亿元，处行政罚款1.94亿元；查处欺诈骗保定点药店6.39万家，追回医保基金及违约金2.14亿元，处行政罚款0.05亿元。印发《欺诈骗取医疗保障基金行为举报奖励暂行办法》，创新监管方式，提升监管效能。

坚决纠正农村义务教育阶段学生营养膳食补助、寄宿生生活补助方面的突出问题。排查出农村义务教育阶段学生营养膳食补助用于食堂运行和设备采购、拖欠供餐单位货款等问题9个，涉及资金1.34亿元，已整改7个，已拨付到位资金1.09亿元，追回资金0.1亿元；排查出农村义务教育阶段寄宿生生活补助拨付发放不及时、虚报冒领、挤占挪用、资金管理不规范等问题144个，已整改114个，涉及资金1.29亿元，已补发资金6 803万元，追回资金143万元。

资料来源：中共中央纪律检查委员会　国家监察委员会网站，2019-11-17.

思考题

1. 如何理解牢记初心使命，推进自我革命？

2. 如何理解新形势下加强党的政治建设的重大意义？

3. 如何理解反腐败斗争的重大战略意义？

专题五

和衷共济　坚持“一国两制”推进祖国统一

“一国两制”方针是党和国家实现祖国统一大业的基本国策，实现祖国完全统一是中华民族根本利益所在。香港、澳门回归祖国以来，“一国两制”实践取得举世公认的成功。事实证明，“一国两制”是解决历史遗留的香港、澳门问题的最佳方案，也是香港、澳门回归后保持长期繁荣稳定的最佳制度。解决台湾问题、实现祖国完全统一，是全体中华儿女共同愿望，是中华民族根本利益所在。必须继续坚持“和平统一、一国两制”方针，推动两岸关系和平发展，推进祖国和平统一进程。新时代是中华民族大发展大作为的时代，也是港澳台同胞大发展大作为的时代，只要包括港澳台同胞在内的全体中华儿女顺应历史大势、共担民族大义，把民族命运牢牢掌握在自己手中，就一定能够共创中华民族伟大复兴的美好未来。

一、坚持“一国两制”和推动祖国统一初心不变

“一国两制”，这是中国特色社会主义的一个伟大创举，是一项前无古人的开创性事业，在过往的人类政治实践中还从未有过。香港、澳门回归祖国后，重新纳入国家治理体系，走上同祖国共同发展、永不分离的宽广道路。党的十八大以来，习近平总书记发表一系列重要讲话，鲜明表达继续坚持“一国两制”基本方针的坚定立场。2017 年 6 月 30 日，习近平总书记在出席香港特别行政区政府欢迎晚宴时发表重要讲话，强调我们实行“一国两制”的初心不会改变，决心不会动摇，要以“长风破浪会有时，直挂云帆济沧海”的信心，以“千淘万漉虽辛苦，吹尽狂沙始到金”的恒心，推动“一国两制”在香港的实践取得更大成就。当前，

中国特色社会主义进入了新时代，“一国两制”事业和祖国统一大业站在新的起点上。

（一）准确把握坚持“一国两制”和推进祖国统一方针原则

1. 必须正确理解和把握“一国”和“两制”的关系

“一国两制”是一个完整的概念。“一国”是实行“两制”的前提和基础，“两制”从属和派生于“一国”，并统一于“一国”之内。“一国”是根，根深才能叶茂；“一国”是本，本固才能枝荣。国家主体坚持实行社会主义制度，是香港、澳门实行资本主义制度、保持繁荣稳定的前提和保障；香港、澳门依照基本法实行“港人治港”“澳人治澳”、高度自治，必须充分尊重国家主体实行的社会主义制度。要把坚持“一国”原则和尊重“两制”差异有机结合起来，做到坚守“一国”之本，实现“两制”和谐相处、相互促进。

2. 必须把维护中央对香港、澳门特别行政区全面管治权和保障特别行政区高度自治权有机结合起来

我国是单一制国家，中央对包括香港、澳门特别行政区在内的所有地方行政区域拥有全面管治权。香港、澳门两个特别行政区的高度自治权不是固有的，其唯一来源是中央授权。高度自治不是完全自治，中央对高度自治权的行使具有监督的权力，决不允许以“高度自治”为名对抗中央的权力。推进“一国两制”实践，必须把维护中央对香港、澳门特别行政区全面管治权和保障特别行政区高度自治权有机结合起来，任何时候都不能偏废。

3. 必须坚持一个中国原则、坚持“九二共识”

解决台湾问题、实现祖国完全统一，必须继续坚持“和平统一、一国两制”方针。推动两岸关系和平发展，推进祖国和平统一进程，一个中国原则是两岸关系的政治基础。两岸同属于一个国家、两岸同胞同属一个民族，这一历史事实和法理基础从未改变，也不可能改变。体现一个中国原则的“九二共识”，明确界定了两岸关系的根本性质，是确保两岸关系和平发展的关键。

4. 必须坚定反对“台独”这一两岸关系和平发展的最大现实威胁

“台独”分裂势力煽动两岸同胞敌意和对立，损害国家主权和领土完整，破坏台海和平稳定，阻挠两岸关系发展，只会给两岸同胞带来深重祸害。习近平总书记指出：“解决台湾问题、实现祖国完全统一，是全体中华儿女共同愿望，是中华

民族根本利益所在。”两岸同胞要坚决反对“台独”分裂势力，共同维护两岸关系和平发展局面。

（二）坚持和完善“一国两制”制度体系，推进祖国和平统一

2019年10月31日，十九届四中全会通过《中共中央关于坚持和完善中国特色社会主义制度 推进国家治理体系和治理能力现代化若干重大问题的决定》，其中对“一国两制”制度体系建设从国家制度和治理体系层面作出了战略安排。

1. 全面准确贯彻“一国两制”“港人治港”“澳人治澳”、高度自治的方针

坚持依法治港治澳，维护宪法和基本法确定的宪制秩序，把坚持“一国”原则和尊重“两制”差异、维护中央对特别行政区全面管治权和保障特别行政区高度自治权、发挥祖国内地坚强后盾作用和提高特别行政区自身竞争力结合起来。完善特别行政区同宪法和基本法实施相关的制度和机制，坚持以爱国者为主体的“港人治港”“澳人治澳”，提高特别行政区依法治理能力和水平。

2. 健全中央依照宪法和基本法对特别行政区行使全面管治权的制度

完善中央对特别行政区行政长官和主要官员的任免制度和机制、全国人大常委会对特别行政区基本法的解释制度，依法行使宪法和特别行政区基本法赋予中央的各项权力。建立健全特别行政区维护国家安全的法律制度和执行机制，支持特别行政区强化执法力量。健全特别行政区行政长官对中央政府负责的制度，支持行政长官和特别行政区政府依法施政。完善香港、澳门融入国家发展大局、同内地优势互补、协同发展机制，推进粤港澳大湾区建设，支持香港、澳门发展经济、改善民生，着力解决影响社会稳定和长远发展的深层次矛盾和问题。加强对香港、澳门社会特别是公职人员和青少年的宪法和特别行政区基本法教育、国情教育、中国历史和中华文化教育，增强香港、澳门同胞国家意识和爱国精神。坚决防范和遏制外部势力干预港澳事务和进行分裂、颠覆、渗透、破坏活动，确保香港、澳门长治久安。

3. 坚定推进祖国和平统一进程

解决台湾问题、实现祖国完全统一，是全体中华儿女的共同愿望，是中华民族根本利益所在。推动两岸就和平发展达成制度性安排。完善促进两岸交流合作、深化两岸融合发展、保障台湾同胞福祉的制度安排和政策措施，团结广大台湾同胞共同反对“台独”、促进统一。在确保国家主权、安全、发展利益的前提下，和

平统一后，台湾同胞的社会制度和生活方式将得到充分尊重，台湾同胞的私人财产、宗教信仰、合法权益将得到充分保障。

二、推进香港、澳门“一国两制”成功实践行稳致远

“一国两制”是中国的一个伟大创举。在统一的国家之内，国家主体实行社会主义制度，个别地区依法实行资本主义制度，这在过往的人类政治实践中还从未有过。前人用超凡的勇气探索和突破，后人要以坚定的信念实践和发展。当前，中国特色社会主义进入新时代，“一国两制”在香港、澳门的实践也进入新时代。要坚定不移把“一国两制”实践向纵深推进，奋力谱写香港、澳门长期繁荣稳定新篇章。

(一)“一国两制”：香港繁荣稳定的制度保障

19 世纪 40 年代初，区区一万多英国远征军的入侵，竟然迫使有 80 万军队的清朝政府割地赔款、割让香港岛。鸦片战争之后，中国更是一次次被领土、幅员和人口规模都远远不如自己的国家打败，“九龙”“新界”也陆续被迫离开了祖国怀抱。1997 年香港回归祖国，洗刷了民族百年耻辱，完成了实现祖国完全统一的重要一步。香港回归祖国是彪炳中华民族史册的千秋功业，香港从此走上同祖国共同发展、永不分离的宽广道路。20 多年来，香港依托祖国、面向世界、益以新创，继续保持繁荣稳定，不断塑造自己的现代化风貌，中西合璧的风采浪漫依然，活力之都的魅力更胜往昔。

1.“一国两制”的香港实践取得丰硕成果

一是经济成果斐然。1997 年，香港顺利回归祖国并重新纳入国家治理体系。从此，香港在祖国怀抱里不断向前发展，保持了长期繁荣稳定。1997 年香港生产总值为 1.37 万亿港元，财政储备为 4 575 亿港元，2018 年香港生产总值为 2.84 亿港元，特区政府财政储备达 11 619 亿港元，GDP 同比增长 3%，高于过去十年平均 2.8% 的增速。2018 年，香港全年进出口额约为 1.2 万亿美元，同比增长 5%，其中香港与内地的进出口贸易额为 5 886.9 亿美元，同比增长 6.2%，内地成为香港对外贸易的第一大市场。2018 年港股创下 33 484 点的历史新高，IPO 融资额达到近 3 000 亿港元，位居全球第一。《2019 年世界投资报告》统计，2018 年外资流入地，香港以 1 160 亿美元排名第三，居全球第三。2018 年对外投资，香港以

850亿美元列全球第四。《2019年世界竞争力年报》统计，香港在“营商效率”方面排名第二。据美国传统基金会公布的2019年度《全球经济自由度指数报告》，香港以90.2的得分排名全球第一，这是香港连续25年蝉联全球最自由经济体。

二是社会发展向好。150多年的殖民统治，香港人民历经英国的残酷镇压、文化殖民和经济掠夺，英国对香港实行高度集权的政治体制，由英国女王任命的港督集行政、立法、军事大权于一身，28任港督从未征求过香港人民意见而民主选举产生，港督无须向香港民众负责。正如第27任港督卫奕信举行就职典礼时，面对《圣经》的誓词所言：“我，戴维·克莱夫·卫奕信，宣誓效忠和敬仰伊丽莎白二世女王陛下，及其合法继嗣人。愿主佑我。”英国颁发的《英王制诰》和《王室训令》规定，香港法律不能违反英国政府的训令，英王对香港制定的法律有否决权。回归祖国后，香港同胞当家作主，自行管理特别行政区自治范围内事务，香港居民享有比历史上任何时候都更广泛的民主权利和自由。《香港特别行政区基本法》赋予了香港人民广泛的民主权利和自由：香港居民在法律面前一律平等；香港特别行政区永久性居民依法享有选举权和被选举权；香港居民享有言论、新闻、出版的自由，结社、集会、游行、示威的自由，组织和参加工会、罢工的权利和自由；香港居民的人身自由不受侵犯等。香港保持繁荣稳定，社会发展整体向好，2019年《全球城市综合排名》中，相比较香港得分稳定增长，排名快速上升，位列第5位，其中在评估的27项指标中3项指标获得最高分；根据世界银行公布的“全球治理指数”报告，香港在“控制贪污”领域列全球第17位、亚洲第2位。“世界正义工程”公布的“法治指数”显示，香港法治指数全球排名从60多位大幅跃升到第16位，已超过美国。

2. 新时代共创香港“一国两制”事业新局面

一是把握机遇，融入国家大战略。党的十九大报告中强调香港、澳门发展同内地发展紧密联系，要支持香港、澳门融入国家发展大局。习近平总书记在庆祝香港回归20周年大会的讲话中提到，支持香港在推进“一带一路”建设、粤港澳大湾区建设、人民币国际化等重大发展战略中发挥优势和作用。中国特色社会主义进入新时代，香港的繁荣稳定迎来了大有可为的新的发展时机。

为推进实施“一带一路”重大倡议，让古丝绸之路焕发新的生机活力，以新的形式使亚欧非各国联系更加紧密，互利合作迈向新的历史高度。2015年3月28日，国家发展改革委、外交部、商务部联合发布了《推动共建丝绸之路经济带和

21世纪海上丝绸之路的愿景与行动》。2019年第二届“一带一路”国际合作高峰论坛上，特别设置了香港环节，以“一带一路：由香港进”为主题，就“一带一路”相关国家和地区如何借助香港所秉持的优势参与“一带一路”建设并推进地方合作等重要内容进行了深入探讨。香港不仅具有重要的战略地理位置，是通往“一带一路”国家的重要通道，而且具有能力建设方面的重大优势，尤其拥有建筑服务、法律、金融等不同领域的大量人才以及绿色金融、专业服务和商业等方面的优势特征。香港充分利用大湾区建设带来的机遇，把自身优势融入国家发展大局，创造经济社会新的发展格局。

2019年2月18日，中共中央、国务院印发了《粤港澳大湾区发展规划纲要》(以下简称《纲要》)，建设粤港澳大湾区是推进新时代改革开放的重大战略部署，是推动“一国两制”事业发展的新实践，也是香港探索发展新路向、开拓发展新空间、增添发展新动力的客观要求。《纲要》明确了香港的定位，香港拥有多方面优势，在金融服务、航空枢纽、专业服务、创新科技等方面发挥积极作用，帮助大湾区引进外来资金和技术，支持内地企业开拓海外市场和机遇，充分发挥自身“双向门户”的重要角色。概括而言，粤港澳大湾区建设规划为香港全局性、长远性的发展带来重大机遇，一方面大湾区建设为香港经济寻找新的增长点，促进经济产业多元发展；另一方面大湾区建设为香港居民提供广阔的生活和发展空间。2019年11月，重在普惠香港民生的16项惠港政策措施出台，这是一系列惠及香港社会不同阶层市民的政策措施，它包括便利金融、法律、建筑等香港专业界别人士到大湾区发展的政策措施，但更多的是惠及普通市民的新举措。香港融入大湾区建设，这为香港未来的长足发展提供了新的历史舞台，正如全国政协委员霍启刚在2019年“两会”上答记者问时所说：“大湾区有着广阔的天地，如同打开了一扇门，香港青年要勇敢地走出去，获得更好的发展机遇。”

二是命运与共，弘扬爱国爱港精神。习近平总书记在十九大报告中强调：“我们坚持爱国者为主体的‘港人治港’‘澳人治澳’，发展壮大爱国爱港爱澳力量，增强香港、澳门同胞的国家意识和爱国精神。”近年来，爱国爱港成为香港社会主流民意和最大心声。但在进一步巩固提升“一国两制”在香港的成功发展态势过程中，也出现了一些不和谐的声音。2019年6月以来，香港一些激进暴力分子围堵香港中联办、污损国徽、围攻警署、殴打警察、污辱国旗，甚至在非法游行集会中喊出“港独”的口号。针对香港社会的和平游行集会，特区警方一直依法批准并提供必要的协助，但激进暴力分子以和平游行作掩护，每每突破法治底线，用砖头、铁棍甚至汽油弹攻击警察，使用有毒有害液体、粉末袭击警察，甚至咬断警察手指，其行径之残忍令人发指。香港持续发生的激进暴力犯罪行为，不是“和平示威”活动，而是反中乱港，这严重践踏法治和社会秩序，严重破坏香港繁荣稳定，严重挑战“一国两制”原则底线。

美国等一些西方国家祸藏反中乱港的目的，在香港的“修例风波”中颠倒黑白、混淆是非，不断就香港局势煽风点火、妄加评论，竭力破坏香港的繁荣稳定和安全。这是对中国内部事务的粗暴干涉，香港事务纯属中国内政，绝不容许外部势力破坏香港的繁荣稳定。

止暴制乱、恢复秩序是香港最紧迫的任务。党和国家坚定支持香港特别行政区政府依法施政，坚定支持香港警方严正执法，坚定支持香港司法机构依法惩治暴力犯罪分子。党和国家维护国家主权、安全、发展利益的决心坚定不移，贯彻“一国两制”方针的决心坚定不移，反对任何外部势力干涉香港事务的决心坚定不移。

（二）“一国两制”：澳门经济社会发展的制度优势

澳门回归祖国20多年来取得的成就举世瞩目，以宪法和澳门特别行政区基本法为基础的宪制秩序牢固确立，治理体系日益完善；经济实现跨越发展，居民生活持续改善；社会保持稳定和谐，多元文化交相辉映。

1.“一国两制”的澳门实践取得丰硕成果

一是经济繁荣多元发展，澳门本地生产总值从1999年的519.72亿澳门元大幅增至2018年的4 447亿澳门元，实现了跨越式发展；人均GDP也由1999年的12万澳门元跃升至2018年的67万澳门元，位列世界前茅。1999年澳门与内地的贸易总额为7.3亿美元，到2018年贸易总额已达31.6亿美元。截至2019年9月底，澳门财政储备总额6 273.5亿元澳门币，外汇储备1 710.2亿元澳门币。近年来，澳门在中央政府的大力支持下，推行经济适度多元发展。2018年，赴澳门旅客的总消费达696.9亿澳门元，较上一年上升13.6%，入境旅客超过2 580人次，同比增长9.8%，创历史新高。在2019年度全球经济自由度指数报告中，澳门得分高于世界及亚太地区的平均水平，全球排名第34位，亚太地区排名第9位。

二是社会综合管理富有成效。从2003年签订《内地与澳门关于建立更紧密经贸关系的安排》，到 2017 年签署《深化粤港澳合作　推进大湾区建设框架协议》，再到 2018 年港珠澳大桥正式通车，回归后的澳门与祖国内地的交流合作不断深化，融入国家发展大局的广度和深度不断拓展。从 2002 年推动博彩业适度开放，到 2004 年提出建设中国与葡语国家商贸合作服务平台，再到 2007 年提出建设世界旅游休闲中心，回归后的澳门推动经济适度多元发展的路径更加明晰，经济快速增长的态势不断稳固。从 2007 年实行幼儿园到高中的 15 年免费教育，到 2012 年完成“万九公屋”，再到 2018 年实施双层式社会保障制度，回归后的澳门大力改善民生，澳门居民安居乐业的获得感、幸福感不断增强。从 1999 年的“午夜立法”，到 2009 年完成基本法第 23 条本地立法，再到 2018 年成立维护国家安全委员会，回归后的澳门完成 800 多部法律和行政法规的制定与修订，同“一国两制”方针和澳门基本法实施相适应的法律和制度体系不断完善。从 2005 年澳门历史城区被列入“世界遗产名录”，到 2017 年澳门被评为“创意城市美食之都”，至今已参加 120 个国际组织，获得 144 个国家和地区的免签或落地签待遇，回归后的澳门对外交往更加活跃，“中国・澳门”在国际舞台上的知名度和影响力不断扩大。

三是“一国两制”实践呈现亮点。爱国爱澳成为全社会的核心价值，特区政府和澳门人民秉持强烈的国家观念和爱国情怀，将爱国和爱澳合而为一；深入开展爱国主义教育，使爱国主义精神薪火相传，巩固了“一国两制”成功实践的思想基础。牢固树立宪法和基本法权威，依照宪法和基本法治澳，建立起协调统一的宪法和基本法宣传教育体系。行政主导体制顺畅运行，特别行政区政府既注重保持政策的延续性和稳定性，又与时俱进，顺应经济社会发展和民众期待，推进公共行政等改革，务实有为，努力提高施政能力和水平。积极主动融入国家发展大局，积极为澳门发展拓展新空间、注入新动力。包容和谐增强社会凝聚力，多元文化共存共生、互融互促。

2. 新时代再创澳门“一国两制”事业新成就

2018 年 12 月 17 日，习近平总书记在会见来京述职的澳门特别行政区行政长官崔世安时指出：“在新时代国家改革开放进程中，香港、澳门仍然具有特殊地位和独特优势，仍然可以发挥不可替代的作用。我相信，澳门同胞一定会抓住机遇、乘势而为，在融入国家发展大局中拓展发展空间、培育发展新动能。”澳门拥有众多归侨人口，在特区经济、贸易、金融等领域拥有国际化的先天优势，同时中央政府赋予澳门“一个中心、一个平台”的职能，即在国家“十三五”规划中明确支持澳门打造“世界旅游休闲中心”和“中国与葡语国家商贸合作服务平台”，更让澳门这个中西文化交融的小城如虎添翼，继续谱写“一国两制”的“澳门故事”。

一是澳门以“世界旅游休闲中心”“中国与葡语国家商贸合作服务平台”为支撑，积极参与和助力“一带一路”建设。继续大力打造“世界旅游休闲中心”建设，在吸收优质资本、先进经验和高端技术的基础上，结合澳门本地文化特色，完善“世界旅游休闲中心”建设；积极利用“一带一路”，推动旅游产业和当地资源结合这一澳门特有模式“走出去”，形成澳门旅游休闲城市新定位。澳门主导的“中国与葡语国家商贸合作服务平台”是一个软实力平台，是缩小中国与葡语国家语言文化差异的“信息桥梁”以及促进中国与葡语国家沟通和交流的“文化桥梁”。澳门作为连接中国和葡语国家的“平台”，既是自身历史积累的必然产物，又是澳门特别行政区政府自成立以来致力打造和培育的核心“软实力”。澳门立足作为“一带一路”沿线基础设施建设的重要融资平台，支持澳门专业机构和人士为“一带一路”建设提供法律、会计、信息咨询、项目管理等专业服务等多领域的重要工作。近十年来的发展，中国与葡语国家在贸易、投资、农业、人力资源、旅游、医药卫生、文化等广泛领域开展积极合作，不断取得新成果。

二是澳门积极融入粤港澳大湾区建设，助力国家全面开放。澳门要在社会经济持续繁荣发展，社会和谐稳定的有利条件下，利用作为中国与世界的“窗口”、“桥梁”和“21世纪海上丝绸之路”的节点城市的区位优势，充分发挥特定领域的科研优势，在粤港澳大湾区建设中积极作为、创新作为。粤港澳大湾区建设规划纲要提出，要推进“广州—深圳—香港—澳门”科技创新走廊建设，从而使澳门成为这一走廊中的重要一环以及其中的一个支撑点。澳门要充分利用既有科技创新成果和资源，以学研带动产业，以产业促进学研，发挥生产性功能，整合、培育、发展具有创新元素的产业方向，最终在此基础上形成珠江西岸科技创新发展的新引擎。粤港澳大湾区建设规划纲要赋予了澳门打造“以中华文化为主流，多元文化共存的交流合作基地”的时代使命，充分发挥澳门在促进东西方文化交流、文明互鉴、民心相通等方面的特殊作用。澳珠合作是粤港澳大湾区建设的三极之一，深化澳珠合作对于构建结构科学、集约高效的大湾区发展格局，引领大湾区深度参与国际合作具有重要意义。

新的时期，澳门必须务实进取，精准发力，根据“国家所需、澳门所长”的原则，对接国家总体规划，通过中葡平台、粤港澳大湾区建设等发展平台，以综合旅游、人才培养、科研合作、金融服务、文化交流等范畴为切入点，重点推进澳门与“一带一路”沿线国家和地区的双向合作，重点贯彻落实粤港澳大湾区建设中的澳门战略定位和发展布局，共同描绘粤港澳大湾区发展的美好蓝图。

香港顺利回归祖国的历程

20世纪80年代初，为实现国家和平统一，国家领导人邓小平创造性地提出了“一国两制”的科学构想，并首先用于解决香港问题。按照邓小平的论述，“一国两制”是指在一个中国的前提下，国家的主体坚持社会主义制度，香港、澳门、台湾保持原有的资本主义制度长期不变。

1982年12月4日，第五届全国人民代表大会第五次会议通过并公布施行的《中华人民共和国宪法》第三十一条规定：“国家在必要时得设立特别行政区。在特别行政区内实行的制度按照具体情况由全国人民代表大会以法律规定。”这体现了“一国两制”构想，为中国政府在实现国家和平统一时，在某些区域设立实行不同于内地的制度和政策的特别行政区提供了直接的宪法依据。

1982年9月24日，邓小平会见来访的英国首相撒切尔夫人，阐明了中国政府对香港问题的基本立场，指出主权问题不是一个可以讨论的问题，1997年中国将收回香港。1984年12月19日，中英两国政府经过22轮谈判后，在北京正式签署《中华人民共和国政府和大不列颠及北爱尔兰联合王国政府关于香港问题的联合声明》，确认中华人民共和国政府于1997年7月1日对香港恢复行使主权。中国政府还在联合声明中阐明以“十二条”为核心内容的对香港的基本方针政策。中英联合声明的签署，标志着香港进入回归祖国前的过渡期。

1985年4月10日，第六届全国人大第三次会议决定成立中华人民共和国香港特别行政区基本法起草委员会，负责起草香港特别行政区基本法。同年7月起草委员会开始工作，1990年2月完成起草任务，历时四年零八个月。1988年4月，起草委员会公布香港特别行政区基本法（草案）征求意见稿；1989 年 2 月，全国人大常委会公布香港特别行政区基本法（草案），先后两次在香港和内地广泛征求意见。

1990 年 4 月 4 日，第七届全国人大第三次会议通过《中华人民共和国香港特别行政区基本法》，同时作出设立香港特别行政区的决定。香港基本法是根据宪法制定的基本法律，规定了在香港特别行政区实行的制度和政策，是“一国两制”方针政策的法律化、制度化，为“一国两制”在香港特别行政区的实践提供了法律保障。邓小平高度评价香港基本法，称它是“具有历史意义和国际意义的法律”，是“具有创造性的杰作”。

香港基本法颁布后，中国政府着手筹备成立香港特别行政区的工作。1993 年 7 月，全国人大常委会设立香港特别行政区筹备委员会预备工作委员会（预委会）；1996 年 1 月，全国人民代表大会香港特别行政区筹备委员会（筹委会）成立。预委会和筹委会为实现香港平稳过渡和政权顺利交接做了大量工作。

1997 年 7 月 1 日，中国政府对香港恢复行使主权，香港特别行政区成立，基本法开始实施。香港进入“一国两制”“港人治港”、高度自治的历史新纪元。

资料来源：人民网，2014-06-11.

三、按照一个中国原则推进祖国和平统一进程

“小时候，乡愁是一枚小小的邮票，我在这头，母亲在那头。长大后，乡愁是一张窄窄的船票，我在这头，新娘在那头。后来啊，乡愁是一方矮矮的坟墓，我在外头，母亲在里头。而现在，乡愁是一湾浅浅的海峡，我在这头，大陆在那头。”诗人余光中的这首《乡愁》，道不尽的是血脉相亲却隔海相望，数不尽的是千缕思念却不能互诉衷情，浅浅的海峡，国之大殇，乡之深愁！

新中国成立 70 多年来，我们顺应两岸同胞共同愿望，团结广大台湾同胞，推动台海形势从紧张对峙走向缓和改善、进而走上和平发展道路，两岸关系不断取得突破性进展。今天，我们比历史上任何时期都更接近、更有信心和能力实现中

华民族伟大复兴的目标，也更有能力、更有条件推进祖国统一。

（一）总结历史，不断推动两岸关系突破性进展

第二次世界大战结束之后，台湾脱离日本的殖民统治，从法律上和事实上已经完全回归中国。在随后的内战中，国民党集团从大陆退居台湾。新中国成立以后，在美国等西方势力的支持下，国民党集团与中央政府对峙，从而导致台湾与祖国大陆的分离状态，由此产生了台湾问题。70 多年来，两岸关系走过风风雨雨，但实现祖国的和平统一一直是中华儿女的共同心愿。70 多年来，两岸关系历经曲曲折折，走过不同的发展阶段。

1. 武力对峙阶段（1949—1979 年）

这一时期，两岸关系以双方的隔离、敌对、对抗为主，但两岸双方都坚持一个中国的基本原则和立场未变，都坚决反对分裂中国。

2. 走向缓和阶段（1979—1990 年）

以邓小平为核心的党的第二代中央领导集体根据国际国内形势的变化，逐步确立了“和平统一、一国两制”的基本方针，两岸关系开始有所缓和。

3. 曲折发展阶段（1990—2008 年）

1992 年台湾“海基会”和大陆“海协会”举行会谈提出了“九二共识”，充分发挥了桥梁作用，推动了两岸关系向前发展。第一次“汪辜会谈”后，李登辉不断制造“两个中国”“一中一台”的分裂活动，为两岸关系的和平发展带来严重的不利影响。

2000 年主张“台独”的民进党当局拒绝接受一个中国原则，拒不承认“九二共识”，并不断推动渐进式“台独”，这对两岸关系造成严重冲击。为了遏制“台独势力”，2005 年全国人民代表大会通过《反分裂国家法》。同年时任中共中央总书记胡锦涛与时任中国国民党主席连战举行会谈，发表“两岸和平发展共同愿景”，这对台海局势和两岸关系发展产生了积极的重大影响。随后，反对“台独”、主张两岸关系和平发展的亲民党、新党相继率团访问大陆，两岸政党交流空前热烈。

4. 和平发展阶段（2008—2016 年）

马英九当局坚持“不统、不独、不武”的两岸政策，不搞“法理台独”。两岸关系扎实推进，成果丰硕，全面直接双向“三通”实现，经济、贸易、科技、文化、教育等方面的交流全面深化，两岸全面进入和平发展时期。

5. 推动两岸关系和平发展，遏制“台独”阶段（2016年至今）

蔡英文当局始终拒不承认“九二共识”，并阻挠、限制两岸交流，推动“去中国化”渐进“台独”，致使两岸关系陷入僵局，两岸关系不确定性和挑战性逐步升高。2019年，习近平总书记在《告台湾同胞书》发表40周年纪念会上发表重要讲话，这是指引新时代对台工作的纲领性文件，为新时代两岸关系发展指明了方向。

习近平在讲话中强调：1949年以来，中国共产党、中国政府、中国人民始终把解决台湾问题、实现祖国完全统一作为矢志不渝的历史任务。我们团结台湾同胞，推动台海形势从紧张对峙走向缓和改善、进而走上和平发展道路，两岸关系不断取得突破性进展。

一是顺应两岸同胞共同愿望，推动打破两岸隔绝状态，实现全面直接双向“三通”，开启两岸同胞大交流大交往大合作局面，两岸交流合作日益广泛，相互往来日益密切。

二是秉持求同存异精神，推动两岸双方在一个中国原则基础上达成“海峡两岸同属一个中国，共同努力谋求国家统一”的“九二共识”，开启两岸协商谈判，推进两岸政党党际交流，开辟两岸关系和平发展道路，实现两岸领导人历史性会晤，使两岸政治互动达到新高度。

三是把握两岸关系发展时代变化，提出和平解决台湾问题的政策主张和“一国两制”科学构想，确立了“和平统一、一国两制”基本方针，进而形成了坚持“一国两制”和推进祖国统一基本方略，回答了新时代推动两岸关系和平发展、团结台湾同胞共同致力于实现民族伟大复兴和祖国和平统一的时代命题。

四是高举和平、发展、合作、共赢的旗帜，在和平共处五项原则基础上发展同各国的友好合作，巩固国际社会坚持一个中国原则的格局，越来越多国家和人民理解和支持中国统一事业。

五是始终着眼于中华民族整体利益和长远利益，坚定维护国家主权和领土完整，团结全体中华儿女，坚决挫败各种制造“两个中国”“一中一台”“台湾独立”的图谋，取得一系列反“台独”、反分裂斗争的重大胜利。

（二）立足新形势，奋发有为做好新时代对台工作

中国特色社会主义进入了新时代，“一国两制”事业和祖国统一大业站在新的起点上，开启了两岸共担民族复兴责任，共享民族复兴荣耀的伟大征程。今天，

我们比历史上任何时期都更接近、更有信心和能力实现中华民族伟大复兴的目标，也更有能力、更有条件推进祖国和平统一。两岸关系新的发展形势表明，祖国大陆的发展进步从根本上决定着两岸关系走向；两岸已经形成密不可分的命运共同体；国际社会一个中国格局持续稳固。这是我们面临的历史机遇和现实条件，我们要奋发有为、锐意进取，扎实做好对台各项工作，在民族复兴征程中推进祖国和平统一。

1. 坚持党对台工作的集中统一领导

对台工作事关党和国家事业全局。必须坚持党对台工作的集中统一领导，自觉增强“四个意识”、坚定“四个自信”、做到“两个维护”，切实把思想和行动统一到以习近平同志为核心的党中央决策部署上来。要深入学习领会、坚决贯彻落实党的十九届四中全会精神，统筹调动各地区各部门资源和力量，共同开创新时代对台工作新局面。

2. 坚持推进祖国和平统一，推动两岸就和平发展达成制度性安排

习近平总书记在《告台湾同胞书》发表40周年纪念会上的重要讲话中提出探索“两制”台湾方案、就推动两岸关系和平发展达成制度性安排，岛内有关政党、团体和各界别代表性人士积极响应。在一个中国原则基础上，我们将继续同台湾各党派、团体和人士就两岸政治问题和推进祖国和平统一进程的有关问题开展对话沟通，在聚同化异中逐步解决两岸长期存在的政治分歧问题，推动两岸就和平发展达成制度性安排。

3. 坚持以人民为中心的发展思想，完善促进两岸交流合作、深化两岸融合发展、保障台湾同胞福祉的制度安排和政策措施

我们要继续积极为台胞广泛参与大陆经济社会建设创造条件，依法保障台胞权益。要为台胞台企参与国家重大发展战略提供政策指引，搭建更多渠道平台。要着力提升台湾居民居住证社会功能应用，支持台商投资集中地区在为台胞台企提供同等待遇上出台更多先行先试政策措施。要积极推进两岸经济合作制度化，打造两岸共同市场，推动两岸应通尽通。

4. 坚持团结广大台湾同胞共同反对“台独”、促进统一

“台独”分裂势力及其图谋和行径是台海和平稳定的最大威胁，是两岸关系和平发展的最大障碍，严重损害台湾同胞的切身利益和中华民族的整体利益。“台独”是绝路，我们坚持为和平统一创造广阔空间，但绝不为各种形式的“台独”

分裂活动留下任何空间。我们坚持寄希望于台湾人民的方针，一如既往尊重、关爱、团结和依靠台湾同胞。祖国大陆是所有爱国统一力量的坚强后盾，要积极引导台湾同胞争当堂堂正正的中国人，认真思考台湾在中华民族伟大复兴中的地位和作用，积极参与到推进祖国和平统一的正义事业中来。

习近平总书记在《告台湾同胞书》发表40周年纪念会上的重要讲话的结尾强调：历史不能选择，现在可以把握，未来可以开创！新时代是中华民族大发展大作为的时代，也是两岸同胞大发展大作为的时代。前进道路不可能一帆风顺，但只要我们和衷共济、共同奋斗，就一定能够共创中华民族伟大复兴美好未来，就一定能够完成祖国统一大业！

延伸阅读

不容“教育台独”得逞

新学年开学以来，台湾“历史教育新三自运动协会”多次召开记者会，揭露按照台湾新课纲编写的历史教科书扭曲事实、篡改历史，搞“去中国化”和“教育台独”，他们大声疾呼：“教育台独”贻害无穷，必须正本清源。

以南岛语系取代中华民族作为台湾人的祖先，台湾以中华文化为主流的事实被篡改成“多元文化的台湾”，以否定《开罗宣言》和《波茨坦公告》法律效力为理论依据的“台湾地位未定论”赫然在册，美化日本殖民统治成为“政治正确”……一一列举台湾新版历史教科书“去中国化”和“媚日”的内容，台湾有识之士痛心疾首，“从李登辉、陈水扁执政时代起，‘台独’势力一刻不曾放松对青少年的毒害。他们将‘台独史观’一点点塞进教科书。时至今日，蔡英文当局搞出史上最‘独’历史课本，简直完全沦为民进党‘台独’思想宣传品。”

20多年来，岛内“台独”分裂势力在教育领域不断推进“去中国化”，渗透“台独史观”，围绕中学历史课纲的争议一直不断。李登辉、陈水扁执政时期，蓄意修改历史教科书，以“日治”取代“日据”，把日本“投降”改成“终战”，为日本侵略者涂脂抹粉，这样的极端例子不胜枚举。国民党上台后启动课纲微调，却被“台独势力”裹挟不明真相的学生疯狂阻击而胎死腹中。2016年民进党上台后，迫不及待地开始操弄课纲议题。2018年，台湾当局教育主管部门通过了“去中国化”色彩明显的12年义务教育新高中历史课纲。

为何“台独”势力热衷于对历史课纲“上下其手”？岛内有识之士一针见血地指出：无他，篡改历史课纲是“文化台独”成本最低、风险最小而效果最好的系统工程。割断台湾与大陆的血缘联系与文化情感，试图将中华文化“连根拔起”——蔡英文当局不敢明火执仗地搞“法理台独”，但“文化台独”“教育台独”的动作却越来越频密。此招一举两得，近可讨好“急独”势力拿到选票，远可实现“渐进式台独”目的。

蔡英文当局的居心，已是路人皆知。台湾舆论指出：“民进党当局为了掌权而毒害下一代，既不道德，也不负责任。各界民众应该鸣鼓而攻之。”为唤起更多民众的觉醒，台湾一批历史学者和教师发起“历史教育新三自运动”，即自己救、自己写、自己教。“我们深知正本清源之路异常艰辛。但我们绝不能让下一代随着民进党和‘台独’势力沉沦。”台湾抗日志士亲属协进会也多次大声疾呼“不容青史尽成灰”。正如国台办新闻发言人所指出的，任何“去中国化”的行径，都无法割裂两岸的历史联结，都无法改变台湾是中国一部分的事实。民进党当局倒行逆施、数典忘祖，已经遭到台湾社会的强烈反对，还必将继续遭到两岸同胞更加强有力的遏制和打击。

资料来源：人民网，2019-10-13.

思考题

1. 如何认识香港、澳门回归后取得的重大成就？

2. “一国两制”的主要内涵是什么？

3. 谈谈青年在推进祖国和平统一进程中的担当和作为。

专题六

合作共赢　谱写中国特色大国外交时代华章

中国特色大国外交是新中国成立以来，中国共产党统筹中国国情实际与国际形势变化，融汇中华传统文化精髓与新中国外交优良传统而形成的全方位、多层次、立体化的当代中国外交，旨在推进实现中华民族伟大复兴、创造世界和平与发展的美好前景。

70 多年来，新中国外交作为新中国发展进程的重要组成部分，助推了中华民族前途命运的历史性转折，实现了中国同世界关系的历史性变化。党的十八大以来，中国已经处于当今时代的前沿，也在中华民族历史上前所未有地接近世界舞台的中心，以习近平同志为核心的党中央，着眼当代中国发展新要求，深刻思考人类发展前途命运，提出了一系列富有创造性和前瞻性的外交新理念、新构想、新战略，使中国外交的大国特色、风格、气派更加彰显，我国外交工作继往开来，开拓奋进，中国特色大国外交昂首迈入了新时代。

一、春华秋实　中国外交的光辉成就和宝贵经验

抚今追昔，鉴往知来。70 多年以来，中国外交为民族复兴尽责，为人类进步担当，坚持做国家发展的推动者、世界和平的建设者、全球合作的贡献者、国际秩序的维护者。全面梳理总结新中国外交 70 多年的光辉成就和宝贵经验，对继承发扬对外工作的优良传统，更好厘清新形势下做好外交工作的原则和思路，开创新时代中国特色大国外交新局面，具有重要的现实和启示意义。

（一）推动我国外部环境实现历史性改善

70多年来，新中国建交国从18个增加到180个，建立了110对各种形式的伙伴关系，构建起遍布全球的伙伴关系网络。我国同主要大国关系总体稳定、均衡发展。中俄全面战略协作达到历史最高水平，中美致力推进以协调、合作、稳定为基调的关系，中欧全面战略伙伴关系建设取得积极进展。我国同周边各国建立了伙伴与合作关系，解决了大多数历史遗留问题。我国同发展中国家加强团结合作，实现整体合作机制全覆盖，形成携手并进、共同发展的新局面。

（二）捍卫国家主权安全取得历史性进展

从打破以美国为首的西方国家的孤立封锁到开展反帝反霸斗争，再到改革开放以来坚决捍卫国家主权、安全、发展利益，中国外交经历了一次次重大考验，交出了一份份满意答卷。70多年来，我们坚决反对外部势力干涉台湾事务，不断巩固一个中国的国际共识。我们贯彻“一国两制”方针，为香港、澳门顺利回归以及反干预斗争作出贡献。我们坚定捍卫领土主权和海洋权益，同14个陆地邻国中的12个划定和勘定边界，积极稳妥应对东海、南海争议，推动南海局势趋稳向好。我们同各种分裂势力坚决斗争，加强打击“三股势力”国际合作，牢牢把握反分裂国际斗争的主动权。

（三）助力我国对外合作实现历史性跨越

70多年来，特别是改革开放40多年来，外交以服务国家发展为己任，为维护中国作为发展中国家的正当权益、拓展同世界各国的互利合作作出了重要贡献。2013年，习近平总书记总揽世界大势，提出共建“一带一路”倡议。至今，我国同160多个国家和国际组织签署合作文件，成功举办两届“一带一路”国际合作高峰论坛，达成550多项合作成果，为促进中国开放发展和增进各国民生福祉带来新机遇。

（四）推动我国国际地位实现历史性提升

新中国成立伊始即提出，“凡愿遵守平等、互利及互相尊重领土主权等项原则的任何外国政府，本政府均愿与之建立外交关系”。通过日内瓦会议和万隆会议，新中国登上国际舞台，展现了社会主义国家的全新风貌。时至今日，我国恢复联合国合法席位，是联合国安理会常任理事国、联合国第二大会费国、维和行动第二大出资国和安理会五常中派遣维和军事人员最多的国家。我国参与了几乎所有政府间国际组织和500多项国际公约。联合国粮农组织等4个联合国专门机构的主要负责人由中方人员出任。我国在世界银行和国际货币基金组织投票权份额上升至第三位，成功主办二十国集团峰会、亚太经合组织领导人非正式会议、上海合作组织峰会、亚信会议峰会、金砖国家峰会等，创设了亚洲基础设施投资银行、金砖国家新开发银行等新多边金融机构，国际话语权、规则制定权、议程设置权全面提升。我国同各国携手应对气候变化、网络安全、公共卫生等全球性挑战，积极参与解决朝鲜半岛、伊朗核、叙利亚、阿富汗等热点问题，作出了举世公认的重要贡献。

（五）中国外交理念的影响力得到历史性增强

从首倡和平共处五项原则到“三个世界”响彻联合国讲坛，从作出和平与发展是时代主题重要论断到促进世界多极化和国际关系民主化、推动建设和谐世界，新中国外交把握时代脉搏，以理念指导行动、以道义引领实践，对当代国际关系产生重大深远影响。党的十八大以来，以习近平同志为核心的党中央勇立时代潮头，推进一系列重大外交理论和实践创新，形成并确立了习近平外交思想，成为新时代我国外交的根本遵循和行动指南。习近平总书记提出的推动建设新型国际关系、推动构建人类命运共同体以及正确义利观、新发展观、新安全观、全球治理观等诸多新理念、新思想、新主张，极富中国特色，体现时代精神，引领了人类发展潮流，开辟了当今世界国际关系理论创新的新境界。

实践蕴含智慧，历史昭示未来。70多年的实践表明，中国外交是顺应时代潮流、符合中国和世界人民利益、经得起历史检验的。70多年栉风沐雨，中国外交铸就了独特精神，积淀了优良传统，砥砺了坚韧风骨。这些外交的独特精神和优良传统主要包括：一是党的领导是中国外交的灵魂；二是独立自主是中国外交的基石；三是天下为公是中国外交的胸怀；四是公平正义是中国外交的坚守；五是互利共赢是中国外交的追求；六是外交为民是中国外交的宗旨。

二、风云变幻　当前国际局势发展的基本态势

谋大事者必先观大势。2018年以来的世界异常复杂，偶然与必然、苗头与趋

势、乱局与变局交织，给“当今世界正面临百年未有之大变局”之断言作出了现实呈现。面对风云激荡的国际局势，要厘清现象纷争，洞悉内在规律，从而做到总体上把握国际形势和世界变局演进的阶段特征及发展趋势。

（一）当前世界经济发展总体态势

当前世界经济总体延续复苏态势，但增长基础并不稳固，增长速度趋于放缓，增长动能开始减弱，不确定不稳定因素明显增多，国际金融危机的深层次影响还未消除，一些结构性问题仍很突出，未来的复苏之路并不平坦。从趋势上看，经济全球化在曲折中继续深入发展，国际经贸规则和全球治理体系深刻调整重构，世界经济形势更加复杂多变。

1. 当前世界经济发展阶段性特征

一是世界经济增长整体乏力。世界经济大幅失速或陷入衰退的风险整体可控，有望延续弱复苏态势，但增长速度趋于放缓，主要经济体走势进一步分化，总体上仍处于国际金融危机后的深度调整期。在经济减速和债务高企的情况下，各国宏观经济政策都面临稳增长与防风险之间的艰难抉择和平衡，财政货币政策的分化和取向存在不确定性。

二是发达国家经济增速将明显放缓。美国经济增速趋于回落。2019 年全年美国经济实际增速为 2.3%，比 2018 年的 2.9% 缩减了 0.6 个百分点。2019 年欧元区的增速略高于 1%，欧元区经济面临的不确定性因素较多，英国“脱欧”、意大利财政问题、法国国内局势动荡以及美欧贸易争端暗潮涌动等，对欧元区经济形成剧烈冲击。2019 年日本的增速略高于 1%，近年来日本经济增长相对不稳定，物价走势疲弱，加上人口老龄化严重、结构性改革推进困难、高债务压缩宏观经济政策空间等难题，日本的经济形势发展并不乐观。

三是新兴经济体走势继续分化。亚洲发展中国家方面，我国经济运行总体平稳，2019 年全年经济增长 6.1%，高于全球经济增速，对世界经济增长贡献率接近 30%，是世界经济增长的最大贡献者。印度增长超过 5%，税收改革积极效应逐步显现，扭转了近年来经济连续减速的态势。东盟国家经济整体表现良好，基础设施投资和对外贸易发展为经济增长提供有力支撑。俄罗斯经济逐步企稳，但石油价格前景暗淡给俄罗斯增长预期带来不利影响。近年来，新兴经济体对全球经济增长的贡献不断加大，但总体上仍未摆脱在市场、技术、资金等方面对发达国家的依赖，在全球经济运行大格局中的地位仍有待提升。

2. 当前世界经济运行面临的主要风险

一是贸易保护主义阴影难消。国际金融危机的爆发加剧了经济全球化繁荣表象背后所掩盖的经济社会矛盾，贸易保护主义和民粹主义大量滋生并不断加剧，多边贸易体制受到冲击。当前全球范围内存在多个经济体间的贸易争端，一旦局势失控而演变为大规模贸易战，势必拖累全球贸易投资增长，削弱世界经济复苏动力。面对经济全球化带来的机遇和挑战，世界各国本应合作应对一切挑战，引导好经济全球化走向，让它更好惠及每个国家和每个民族，但有些国家却把问题简单归咎于经济全球化，给未来世界经济复苏横添阻碍。

二是全球流动性进一步收紧。2018 年下半年以来，受经济下行压力加大、国债收益率倒挂等因素影响，平衡控制金融风险和避免经济衰退的难度上升。从历史上看，美联储每次加息都会导致资产价格重估和市场波动，拖累美国国内私人消费和投资增长，进而给世界经济增长带来压力。由于美元独特的全球地位，美联储货币政策调整外溢效应十分明显，严重影响广大新兴经济体，存在着对新兴经济体的经济不可确定的影响。

三是国际金融和商品市场波动可能加大。当前，全球流动性趋紧和经济下行压力加大，将导致市场风险偏好降低和资产价格重估，可能还会继续引发国际股市、汇市、债市调整波动，增加世界经济运行风险。2019 年以来，国际大宗商品价格可能宽幅波动，给国际贸易和各国经济运行带来复杂影响。

四是地缘博弈竞争加剧。近一个时期以来，全球政治格局深度调整，地区热点问题此起彼伏，恐怖主义、网络安全、重大传染性疾病、气候变化等非传统安全威胁持续蔓延，大国关系进入分化重组新拐点，给全球经济复苏带来不确定影响。

3. 世界经济发展趋势展望

一是世界经济仍将继续深度调整。近年来，全球范围内新技术、新产业、新业态、新模式层出不穷，新的全球产业链、价值链、供应链布局加速重构，推动世界经济进入新旧动能转换的关键时期。科技创新和产业升级正在孕育新突破，人类面临的巨大资源环境压力和美好生活需要正在转化为科技创新的强大动力，同时具备广阔产业化市场化前景的重大技术突破和通用技术创新尚未成为世界经济增长新动能。从趋势看，全球经济增长动能“推陈出新”将是一个长期渐进的过程，其步伐、节奏将对未来世界经济走势产生决定性影响。

二是经济全球化在曲折中继续深入发展。国际金融危机爆发后，全球贸易增长面临重重压力，结束了21世纪以来全球贸易量增幅超过全球GDP增幅的历史，经济全球化速度减缓。受保护主义和内顾倾向等因素影响，全球资本、人员和技术流动均面临多重阻力，然而资本的逐利性不会改变，必将冲破各种障碍寻求资源的最优配置，加上全球范围内科技进步持续推进、各国相互依赖程度加深，经济全球化的历史潮流不会逆转，而是在时代大潮中波浪式前进、在艰难曲折中向纵深发展。

三是国际经贸规则深刻重组重构。自第二次世界大战结束以来，国际经贸规则实现了从货物贸易向服务贸易，从贸易向投资、知识产权以及发展援助等议题的不断演进，促进了经济全球化不断深化。当前，新一轮国际经贸规则重构正在拉开序幕，东西关系、南北关系以及新旧规则相互交织，新一轮规则博弈正在展开。

四是全球经济治理体系面临重大变革。当前，人类社会面临的能源资源安全、粮食安全、气候变化、恐怖主义等全球性挑战不断增多，贫富差距、南北差距等问题日益突出，解决这些问题必须依赖全球治理和国际合作。全球治理机制排他性、封闭化和规则碎片化问题依然严重，越来越难以跟上时代步伐和适应形势变化，变革全球治理体系、建立更加公正合理的全球治理模式的必要性和紧迫性进一步凸显。从长远看，全球治理体系改革进程将深刻影响世界经济发展前景。①

（二）当前国际政治格局发展基本态势

习近平总书记指出，“世界多极化加速发展，国际格局日趋均衡，国际潮流大势不可逆转”。世界多极化深入发展是当今世界的一个重要趋势，也是我们科学分析世界转型过渡期国际形势、准确把握历史交汇期我国外部环境的一个出发点。当前，国际格局进入转型调整期，多极化世界更趋均衡。

1. 和平与发展仍然是当今时代主题

世界形势总体趋缓，政治多极化虽步履艰难，但仍为各国所追求，世界范围内和平因素的增长超过战争因素的增长。世界各国的共同利益明显增多，在经济全球化大背景下，世界各国利益的相互关联和相互依存日益加深。重视发展战略

① 2019年世界经济运行面临主要风险：贸易保护主义阴影难消［EB/OL］. 中国经济网，2019-03-02.

已成为各国的主要政策取向，各国都意识到综合国力特别是经济实力在国际关系中的重要作用。维护世界和平、促进共同发展是世界人民的共同心愿和人类不懈追求的目标。

2. 大国竞争不断加剧，国际安全形势复杂多变

当前，大国地缘战略调整，各种竞争显著上升。特朗普总统上台以来，美国先后在 2017 年底和 2018 年初发布新版《国家安全战略报告》和《国防战略报告》，首次将大国竞争列为美国面临的最大威胁，并将中国和俄罗斯视为主要的“战略竞争者”和国际秩序的“修正主义者”。大国关系进入新一轮深度调整的突出表现，一是美国大力推进所谓“印太战略”，针对中国的意图明显；二是美俄陷入持续对抗，关系转圜困难重重；三是美欧关系裂隙加大，大西洋联盟面临挑战；四是中国积极构建“总体稳定、均衡发展”的大国关系框架，且成效逐步显现。

3. 新兴市场国家和发展中国家群体性崛起

新兴市场国家和发展中国家在国际事务和全球治理中的话语权和影响力不断提升。新兴市场国家和发展中国家在二十国集团机制内积极作为，倡导全球经济治理变革，强调通过结构性改革增强世界经济中长期发展动力，推动相关国际组织改革，既有效维护了广大发展中国家的利益，也为全球治理朝着更加公正合理的方向发展作出了贡献。新兴市场国家和发展中国家不断加强团结合作，成为国际和地区事务中一支重要力量。

4. 大国和重要地区军备竞赛加速

美国调整国家安全战略和国防战略，奉行单边主义政策，挑起和加剧大国竞争，大幅增加军费投入，加快提升核、太空、网络、导弹防御等领域能力。北约持续扩员，加强在中东欧地区军事部署，频繁举行军事演习。俄罗斯强化核、非核战略遏制能力，努力维护战略安全空间和自身利益。欧盟独立维护自身安全的倾向增强，加快推进安全和防务一体化建设。

5. 世界经济和战略重心继续向亚太地区转移，亚太地区成为大国博弈的焦点

美国强化亚太军事同盟，加大军事部署和干预力度，给亚太安全增添复杂因素。美国在韩国部署“萨德”反导系统，严重破坏地区战略平衡，严重损害地区国家战略安全利益。日本调整军事安全政策，增加投入，谋求突破“战后体制”，军事外向性增强。澳大利亚持续巩固与美国的军事同盟，强化亚太地区军事参与力度，试图在安全事务中发挥更大作用。

6. 地区热点和争议问题依然存在

中东局势依然动荡不定，恐怖主义威胁向全球扩散。朝鲜半岛局势有所缓和，但仍存在不确定因素，南亚形势总体稳定但印巴冲突不时发生，阿富汗国内政治和解和重建艰难推进，叙利亚问题政治解决仍面临困难。伊朗核问题解决出现波折，美国与伊朗的紧张关系依然孕育着新冲突的可能。部分国家之间的领土和海洋权益争端、民族宗教矛盾等问题仍然存在，地区安全热点问题时起时伏。

总体而言，世界多极化和非西方力量的上升是时代前进的方向，世界各国人民向往和平稳定、要求发展进步、主张合作共赢是推动历史发展的动力，这是国际形势总体稳定的基础。世界多极化深入发展既是历史发展的大势，也是国际社会的普遍期待。国际社会应因势而动、顺势而为，凝聚共识和力量，加强团结、深化合作，共同推动世界多极化深入发展，共同推进人类命运共同体建设。

万隆会议及其精神

1955 年 4 月 18 日至 24 日，29 个亚非国家和地区的政府代表团在印度尼西亚万隆召开亚非会议。这是亚非国家和地区第一次在没有殖民国家参加的情况下讨论亚非人民切身利益的大型国际会议。这次会议由于在万隆召开，因此也称万隆会议。

【参与国家】

这次会议由印度、印度尼西亚、缅甸、锡兰（斯里兰卡）、巴基斯坦五国发起。除了五个发起国外，参加会议的还有阿富汗、柬埔寨、中华人民共和国、埃及、埃塞俄比亚、黄金海岸（加纳）、伊朗、伊拉克、日本、约旦、老挝、黎巴嫩、利比里亚、利比亚、尼泊尔、菲律宾、沙特阿拉伯、苏丹、叙利亚、泰国、土耳其、越南民主共和国、越南国、也门等。中华人民共和国代表团由周恩来总理率领。

【会议成果】

会议讨论了民族独立和主权、反帝反殖斗争、世界和平以及与会各国的经济和文化合作等问题。经过充分的协商，会议一致通过了包括经济合作、文化合作、人权和自决、附属地人民问题、促进世界和平与合作的宣言等多项内容的《亚非会议最后公报》，其中《关于促进世界和平与合作的宣言》，提出了处理国际关系的十项原则。

【万隆精神】

万隆会议提出的十项原则，主要内容包括：尊重一切国家的主权和领土完整；承认一切种族的平等、承认一切大小国家的平等；不干预或不干涉他国内政；任何国家不对其他国家施加压力；按照《联合国宪章》，通过谈判、调停、仲裁或司法解决等和平方法解决一切国际争端等。其精髓被概括为“团结、友谊、合作”，即万隆精神。

【中国贡献】

万隆会议十项原则是在和平共处五项原则基础上提出的，而和平共处五项原则最先是周恩来总理于 1953 年 12 月底在会见来访的印度代表团时提出的。和平共处五项原则提出后，被越来越多的国家、国际组织和国际会议所承认和接受，并载入了包括联合国大会通过的宣言在内的一系列重要国际性文件，对推动国际关系朝着正确方向发展发挥了重大历史性作用。

此外，万隆会议上，中国提倡并坚持求同存异、协商一致的原则，为促进会议达成协议作出了重要的贡献。

资料来源：新华网，2015-04-22.

三、乘风破浪　开创新时代中国特色大国外交新局面

大变局孕育大机遇，新时代开启新前景。当前，面对世界百年未有之大变局，中国外交站在了新的历史起点。我们要切实增强“四个意识”，不断坚定“四个自信”，坚决做到“两个维护”，积极统筹国内国际两个大局，妥善应对和防范化解各种风险挑战，把新时代中国特色大国外交不断推向前进。

（一）坚持走和平发展道路

中国走和平发展道路是从历史、现实、未来的客观判断中得出的结论，是思

想自信和实践自觉的有机统一。中国走和平发展道路的自觉和自信，来源于中华文明的深厚渊源，来源于对实现中国发展目标条件的认知，来源于对世界发展大势的把握。

1. 中国走和平发展道路是中国历史文化的传承

中国人民历来崇尚“和而不同”“天人合一”“以和为贵”的理念，以和谐精神凝聚家庭、敦睦邻里、善待他人，和谐文化培育了中华民族热爱和平的民族禀性。自古以来，中华民族就积极开展对外交往通商，而不是对外侵略扩张；执着于保家卫国的爱国主义，而不是开疆拓土的殖民主义。对和平、和睦、和谐的追求深深植根于中华民族的精神世界之中，深深融化在中国人民的血脉之中，“以和为贵”“天下太平”等理念世代相传。2 100 多年前，中国人就开通了丝绸之路，这是一条贸易之路、文化之路、和平之路，推动东西方平等开展文明交流，留下了互利合作的足迹，沿路各国人民均受益匪浅。600 多年前，中国明代著名航海家郑和率领当时世界上最强大的船队“七下西洋”，远涉亚非 30 多个国家和地区，播撒了和平友谊的种子。中华民族以“海纳百川，有容乃大”的胸怀，接受一切有益的外来文化，促进了中外文化融合，留下了很多对外文化交流的千古佳话。

2. 中国走和平发展是中国基本国情的现实要求

中国人口多、底子薄，用世界 7.9% 的耕地和 6.5% 的淡水资源养活着世界近 20% 的人口，经济社会发展成就要由 14 亿多人共享，不断满足众多人口生存和发展需求是巨大难题。发展不平衡不充分的一些突出问题尚未解决，发展质量和效益还不高，创新能力不够强，实体经济水平有待提高，生态环境保护任重道远；民生领域还有不少短板，脱贫攻坚任务艰巨，城乡区域发展和收入分配差距依然较大，群众在就业、教育、医疗、居住、养老等方面面临不少难题；等等。在相当长历史时期内，中国仍将是一个发展中国家，新时代决胜全面建成小康社会，奋力开启全面建设社会主义现代化国家新征程，这就决定了中国必须始终需要和平稳定的国际环境。

3. 中国走和平发展是顺应世界潮流的选择

世界正处于发展大变革大调整时期，和平与发展仍然是时代主题。世界多极化、经济全球化、社会信息化、文化多样化深入发展，全球治理体系和国际秩序变革加速推进，各国相互联系和依存日益加深，国际力量对比更趋平衡，和平发展大势不可逆转。同时，世界面临的不稳定性不确定性突出，世界经济增长动力不足，贫富分化日益严重，地区热点问题此起彼伏，恐怖主义、网络安全、重大传染性疾病、气候变化等非传统安全威胁持续蔓延，人类面临许多共同挑战。世界各国共同走和平发展道路，共同构建和平、发展、繁荣的人类命运共同体，这是世界发展的客观要求和时代要求。

（二）坚持打造全球伙伴关系

推动构建人类命运共同体，必须积极发展全球伙伴关系，扩大同各国的利益交汇点。以周边和大国为重点，以发展中国家为基础，以多边为舞台，以深化务实合作、加强政治互信、夯实社会基础、完善机制建设为渠道，全面发展同各国友好合作，不但完善我国全方位、多层次、立体化的外交布局，还打造覆盖全球的“朋友圈”，与各国人民结伴而行，共创美好未来。事实证明，伙伴关系为当今世界处理国与国关系提供了新的模式。

1. 推进大国协调和合作，构建总体稳定、均衡发展的大国关系框架

大国之间相处，要不冲突、不对抗、相互尊重、合作共赢。大国既是决定世界和平与发展进程的决定性力量，又是主导国际关系发展态势的决定性力量。世界无法承受大国之间的冲突、对抗，和平与发展的时代主题需要大国之间共同维护、携手合作，全球治理的完善也需要大国之间同舟共济、共同合作。

全方位推进中俄新时代全面战略协作伙伴关系。2019 年是中俄建交 70 周年，在两国关系发展史上具有里程碑意义。习近平主席和普京总统共同宣布发展中俄新时代全面战略协作伙伴关系。这是继中俄相互视为友好国家、建立建设性伙伴关系、建立战略协作伙伴关系、建立全面战略协作伙伴关系后，两国关系再次实现提质升级。中俄互为最主要、最重要的战略协作伙伴，两国关系在各自外交全局和对外政策中都占据优先地位，两国要巩固战略和政治互信，增强在涉及对方核心利益问题上的相互支持；扩大务实合作，深化人文交流；密切在国际和地区事务中的协调和配合，维护世界和平、安全、稳定。

在平等和相互尊重的基础上妥善处理中美经贸摩擦，致力于发展以协调、合作、稳定为基调的中美关系。2018 年 3 月开始，美国政府对华发动了规模前所未有的贸易摩擦，对中国出口美国的商品增加高额关税。中间经过多轮谈判，美国政府依旧执意升级贸易摩擦，将中美两国拖入恶性竞争的泥沼之中，后在两国同意在平等和相互尊重的基础上重启经贸磋商。中美贸易摩擦既不符合中美两国人

民利益，也不符合世界利益，将对世界经济产生衰退性影响。当前，中美两国作为世界前两大经济体，在维护世界和平稳定、促进全球发展繁荣方面肩负着特殊的重要责任。发展长期健康稳定的中美关系，符合两国人民根本利益，也是国际社会的普遍期待。中美关系在新的历史起点上，已经变成“你中有我，我中有你”的利益共同体。本着相互尊重、互利互惠的原则，聚焦合作、管控分歧。

与欧洲携手推进和平、增长、改革、文明四大伙伴关系建设。欧洲是多极化世界的重要一极，是中国的全面战略伙伴。要从战略高度看待中欧关系，将中欧两大力量、两大市场、两大文明结合起来，共同打造中欧和平、增长、改革、文明四大伙伴关系，提升中欧全面战略伙伴关系的全球影响力，为世界发展繁荣作出更大贡献。

2. 按照亲诚惠容理念，进一步增强与周边各国的战略互信与利益交融

中国始终将周边置于外交全局的首要位置，视促进周边和平、稳定、发展为己任，深化同周边国家的互利合作和互联互通，共同打造周边命运共同体。坚定致力于实现朝鲜半岛无核化目标，维护半岛和平稳定，坚持通过对话协商解决问题。严格遵循中日四个政治文件精神和四点原则共识，确保两国关系沿着正确方向发展。坚定发展同东盟的友好关系，支持东盟发展壮大以及东盟共同体建设、东盟在东亚区域合作中发挥主导作用。高度重视和南亚各国的重要合作伙伴关系，做到和睦相处，支持南亚发展。高度重视同中亚各国的友好关系，将其视为外交优先方向，不断增进互信、巩固友好、加强合作、促进共同繁荣。

3. 坚持奉行正确义利观，加强同广大发展中国家团结合作

践行正确的义利观，义利相兼，义重于利，切实加强同发展中国家的团结合作，把我国发展与广大发展中国家共同发展紧密联系起来。加强同非洲国家的团结合作是我国长期坚持的战略选择，对非合作要讲“真、实、亲、诚”。中非应该以全面战略合作伙伴关系建设为引领，继承真诚友好的光荣传统，把互助合作精神发扬光大，坚持互利共赢的平等合作、开放包容的多方合作、能力导向的务实合作、绿色低碳的可持续发展、基础优先的重点合作。中国与拉美和加勒比国家友好关系源远流长，双方将共同致力于构建政治上真诚互信、经贸上合作共赢、人文上互学互鉴、国家事务中密切协作、整体合作和双边关系相互促进的中拉关系五位一体新格局，打造中拉携手共进的命运共同体。中国同阿拉伯国家弘扬丝绸之路精神，促进文明互鉴、尊重道路选择、坚持合作共赢、倡导对话和平，不

断深化全面合作、共同发展的中阿战略合作关系。

（三）坚持高质量共建“一带一路”

2013 年 9 月 7 日、10 月 3 日，习近平总书记分别在哈萨克斯坦纳扎尔巴耶夫大学、印度尼西亚国会发表演讲，先后提出共同建设“丝绸之路经济带”与“21世纪海上丝绸之路”的重大倡议，简称“一带一路”倡议。在新的历史条件下，提出“一带一路”倡议，就是要继承和发扬丝绸之路精神，把我国发展同沿线和世界各国发展结合起来，把中国梦同沿线和世界各国人民的梦想结合起来，赋予古丝绸之路以全新的时代内涵。

共建“一带一路”致力于亚欧非大陆及附近海洋的互联互通，建立和加强沿线各国互联互通伙伴关系，构建全方位、多层次、复合型的互联互通网络，实现沿线各国多元、自主、平衡、可持续的发展。“一带一路”的互联互通项目将推动沿线各国发展战略的对接与耦合，发掘区域内市场的潜力，促进投资和消费，创造需求和就业，增进沿线各国人民的人文交流与文明互鉴，让各国人民相逢相知、互信互敬，共享和谐、安宁、富裕的生活。

高质量共建“一带一路”，秉持共商共建共享原则。作为“一带一路”建设中得到广泛认同的黄金法则，共商共建共享体现着相互尊重、公平正义、合作共赢的国际合作观，彰显了对多边主义的有力倡导和坚定捍卫。

高质量共建“一带一路”，坚持开放、绿色、廉洁理念。“一带一路”是各方携手前进的阳光大道，是奏响沿线国家互利共赢的“合唱”。“一带一路”是绿色之路，以绿色作为发展底色，推动绿色基础设施建设、绿色投资、绿色金融，共同保护好我们赖以生存的共同家园。“一带一路”是廉洁之路，坚持一切合作都在阳光下运作，共同以零容忍态度打击腐败，用风清气正为合作大业保驾护航。

高质量共建“一带一路”，聚焦高标准、惠民生、可持续目标。推进规则标准对接，既引入各方普遍支持的规则标准，按照普遍接受的国际规则标准行事，又尊重各国法律法规。坚持以人民为中心的发展思想，着力消除贫困、增加就业、改善民生，既让共建“一带一路”成果更好惠及各国人民，又确保商业和财政上的可持续性，做到善始善终、善作善成。

高质量共建“一带一路”，突出问题导向，解决制约“一带一路”建设的突出问题。建设高质量、可持续、抗风险、价格合理、包容可及的基础设施，让互联互通的基石更加稳固；促进贸易和投资自由化便利化，让商品、资金、技术、人员流通的血脉更加畅通；共同探索新技术、新业态、新模式，让新的增长动能更加澎湃；着力破解发展不平衡问题，让可持续发展的成果惠及更多国家和人民；架设不同文明互学互鉴的桥梁，让多元互动的人文交流格局更加充满活力。①

截至 2019 年 8 月底，已有 136 个国家和 30 个国际组织与中国签署了 195 份共建“一带一路”合作文件。六年多来，“一带一路”从倡议走向实践、从愿景变为行动，进展和成果超出预期，合作伙伴越来越多，影响力和号召力日益增强，正在成为中国参与全球开放合作、改善全球经济治理体系、促进全球共同发展繁荣、推动构建人类命运共同体的中国方案，开辟了中国参与和引领全球开放合作的新境界，在世界发展史上具有里程碑意义。

“一带一路”倡议是人类命运共同体理念的重要实践平台。我们将在过去六年多建设的基础上，继续秉持共商共建共享的“黄金法则”，坚持开放、绿色、廉洁理念，努力实现高标准、惠民生、可持续目标，积极打造全球互联互通伙伴关系，对接国际上普遍认可的规则、标准和最佳实践，推动共建“一带一路”沿着高质量方向不断前进。

（四）坚持引领全球治理体系改革

党的十九大报告指出：“世界正处于大发展大变革大调整时期，和平与发展仍然是时代主题。”随着世界多极化、经济全球化、社会信息化、文化多样化深入发展，各国相互联系和依存日益加深，推动全球治理体系改革是大势所趋，也是构建人类命运共同体、建设美好世界的必由之路。

1. 推动全球治理体系改革是时代的要求

一是国际力量对比消长加速推动全球治理体系变革。2008 年国际金融危机发生以来，新兴市场国家和一大批发展中国家快速发展，国际影响力不断增强，使国际力量对比发生了近代以来最具革命性的变化。目前，新兴市场国家和发展中国家经济占全球经济总量的比重已超过发达经济体，对全球经济增长的贡献率达到 80%。西方国家面临政治、经济、社会危机，内顾倾向上升。增强新兴市场国家和发展中国家的代表性和话语权，使全球治理体系更好反映国际经济力量对比

① 绘就高质量共建“一带一路”的“工笔画”——论习近平主席在第二届“一带一路”国际合作高峰论坛开幕式主旨演讲［EB/OL］. 新华网，2019-04-26.

新格局，是构建更加公正合理的国际政治经济新秩序的必然要求。

二是加强全球治理是应对全球性挑战的主要途径。现行全球治理体系主要建立于第二次世界大战结束后，其跟不上时代发展、不适应现实需要的地方越来越多。随着各方面治理赤字积重难返，国际社会对变革全球治理体系的呼声日益高涨。一方面，世界面临一系列传统和非传统安全威胁，各种全球性挑战层出不穷；另一方面，世界各国利益高度融合、彼此相互依存，已经成为你中有我、我中有你的命运共同体。各国唯有合作加强全球治理，才能共同应对挑战，实现同舟共济。

三是积极参与全球治理体系改革和建设是中国担当大国责任的应有之义。全球治理体系和国际秩序变革加速推进，处于重要的历史转折点上，对我国发展的影响越来越深刻。参与并推动全球治理体系变革，是实现我国经济可持续发展的必然要求，也是国际社会对中国的热切期待。在全球治理体系变革等关乎人类前途命运的重大课题上，中国将始终做世界和平的建设者、全球发展的贡献者、国际秩序的维护者。

2. 共商共建共享应成为全球治理体系改革和建设的核心理念

一是坚持主权平等、公平正义。主权平等是国际关系最重要的准则，也是全球治理必须遵循的首要原则。国家不分大小、强弱、贫富，都是国际社会的平等成员，都应该平等参与决策、享受权利、履行义务。全球治理离不开各国的发展与合作，各主权国家承担着全球治理的主要责任。要不断推进国际关系民主化，尊重各国人民自主选择发展道路的权利，维护国际公平正义，反对把自己的意志强加于人，反对干涉别国内政。

二是坚持共商共建、合作共赢。全球治理体系变革是大家的事，要坚持大家的事大家一起商量着办，尤其要让发展中国家更多参与到全球治理体系中来，获得与其地位和影响相符合的更多代表性和话语权。要通过充分协商形成全球治理体系变革方案的共识，共同书写国际规则，让全球治理体系更加平衡地反映大多数国家特别是广大发展中国家的意愿和利益。坚持要合作而不要对抗，要双赢、多赢、共赢而不要单赢，确保改革发展的成果惠及各方，让不同国家、不同阶层、不同人群共享全球治理的好处。

3. 坚持与时俱进、改革创新

全球治理体系改革要从实际出发，坚持问题导向，通过改革创新不断完善现有全球治理体系。联合国是最具普遍性、代表性、权威性的国际组织，我们主张坚定维护以联合国宪章宗旨和原则为核心的国际秩序，推动国际货币基金组织、世界银行等治理机制改革，增加新兴市场国家和发展中国家的代表性和发言权。我们支持二十国集团、上海合作组织、金砖国家等发挥积极作用。对海洋、极地、网络、外空、核安全、气候变化等新兴领域，各国应共同建立新机制、制定新规则，使之成为合作共赢的新疆域。

4. 坚持推动构建人类命运共同体

建立更加美好的世界，追求更加幸福的生活，是各国人民共同的梦想，也是全球治理的终极目标。构建人类命运共同体构想顺应了历史潮流，回应了时代要求，凝聚了各国共识，为完善全球治理、构建更加公正合理的国际秩序指明了方向，为人类社会实现共同发展、持续繁荣、长治久安绘制了蓝图，开辟了广阔前景。

作为最大的发展中国家和负责任大国，中国将一如既往积极参与全球治理体系改革和建设，坚决维护以联合国为核心的国际体系，维护以国际法为基础的国际秩序，维护以世贸组织为核心的多边贸易体制，努力避免治理真空和治理乱象，保持全球治理体系的健康稳定。积极践行中国特色热点问题解决之道，为解决国际地区热点问题发挥更大作用。

延伸阅读

国际智库点赞“一带一路”建设：为全球经济持续注入新活力

“一带一路”倡议提出以来，受到了国际社会高度关注和广泛支持。近年来，多家国际智库相继发布报告，积极评价“一带一路”建设成果及前景，认为“一带一路”构建的新愿景值得期待，将为全球经济持续注入新活力。

伦敦政经学院国际事务与外交战略研究中心发布的《新丝绸之路带来的贸易效应》报告认为，“一带一路”倡议的明确目标是加强欧亚地区经济一体化和政策协调。围绕“丝绸之路经济带”和“21世纪海上丝绸之路”提出了一系列基础设施项目。具体来说，“一带”把中国同中亚、南亚、欧洲连接起来；“一路”把中国同东南亚、海湾国家、东非、北非、欧洲连接起来。报告首次评估了新型和改进交通基础设施对“一带一路”参与国家贸易流动的影响。计量经济学分析的结果显示，贸易时间与贸易之间存在负相关关系：交易时间减少一天会使“一带一路”倡议经济体之间的出口平均增加 5.2%。此外，报告还量化分析了“一带一路”带来的潜在贸易影响。最高估计是“一带一路”倡议贸易总额将增长 4.1%，这是基于所有产品交易均可以相对容易地改变运输方式从而利用改进的运输线路；最低估计是，假设产品不能改变运输方式，则贸易总额将增长 2.5%。

美国智库全球发展中心发布报告认为，对世界各国和地区来说，“一带一路”倡议既是机遇，也是挑战。报告援引裕利安宜信用保险公司的数据，“一带一路”倡议启动 5 年来，为全球带来了价值 4 600 亿美元的投资。

美国智库大西洋委员会发布的《中国的“一带一路”倡议能否促进经济增长，保持绿色发展？》报告认为，中国在全球范围内的大规模能源和基础设施投资已经初见成效，给亟须改善能源和交通基础设施的地区带来了诸多益处。报告援引多位专家观点认为，“一带一路”倡议不仅将为基础设施建设，尤其是能源建设带来资金保证，而且对全球应对气候变化具有重大意义，随着“一带一路”项目的成熟，将会更多地采用可再生能源和清洁能源技术。

俄罗斯国际事务理事会发布的《房间里的大象：关于连通性的观点》报告认为，自 2013 年中国提出“一带一路”倡议以来，互联互通这个话题便流行起来。互联互通是指国家和城市如何通过交通更好地连接起来，以改善地区间贸易。通过对接“一带一路”，加强互联互通，中亚地区经济一定会从中受益。

意大利国际政治研究所发布的《2019 年的世界》报告认为，中国已成为一个新的援助捐赠者，“一带一路”倡议为发展中国家提供了一个引人注目的愿景，这一愿景由其自身的双边援助机构以及亚洲基础设施投资银行（AIIB）等中国领导的多边机构提供资助和支持。

资料来源：新华网，2019-02-18.

思考题

1. 如何认识我国外交取得的光辉成就和宝贵经验？

2. 如何理解当前国际局势发展的基本态势？

3. 请谈谈中国在大变局机遇下的压力与挑战。

专题七

同舟共济　实施健康中国战略

健康是促进人的全面发展的必然要求，是经济社会发展的基础条件。实现国民健康长寿，是国家富强、民族振兴的重要标志，也是全国各族人民的共同愿望。党的十九大报告指出，“人民健康是民族昌盛和国家富强的重要标志。”这体现了我们党对人民健康重要价值和作用的认识达到新高度。实施健康中国战略，增进人民健康福祉，事关人的全面发展、社会全面进步，事关“两个一百年”奋斗目标的实现，必须从国家层面统筹谋划推进。

一、我国卫生健康事业取得显著成就和面临巨大挑战

新中国成立以来特别是改革开放以来，我国健康领域改革发展取得显著成就，城乡环境面貌明显改善，全民健身运动蓬勃发展，医疗卫生服务体系日益健全，人民健康水平和身体素质持续提高。同时，工业化、城镇化、人口老龄化、疾病谱变化、生态环境及生活方式变化等，也给维护和促进健康带来一系列新的挑战。

（一）新时代卫生健康事业取得的成就

新中国成立以来，党和国家始终把实现全民健康覆盖，人人享有基本医疗卫生服务作为奋斗目标，积极探索适合国情的卫生健康发展道路，取得了重大阶段性成效，主要体现在以下三个方面：

1. 人民健康水平大幅度提高

新中国成立以来，人均预期寿命从35岁增长到77岁，孕产妇死亡率从

1 500/10 万下降到 18.3/10 万，婴儿死亡率从 200‰ 下降到 6.1‰，主要健康指标优于中高收入国家平均水平。据统计，截止 2019 年末养老和医疗保险参保人数持续增加，全国参加城镇职工基本养老保险、城乡居民基本养老保险、基本医疗保险人数分别比上年末增加 1 581 万、874 万和 978 万。国家卫生总费用从 1978 年的 110 亿元增加到 2018 年的 57 998 亿元。

健康素养是国民素质的重要标志。提升健康素养，是提高全民健康水平最根本、最经济、最有效的措施之一。健康素养是指一个人有能力获取和理解基本的健康信息和服务，并作出正确的判断和决定，以主动维持并促进自己的健康。健康素养内容丰富，包括基本知识和理念素养、基本技能素养、基本医疗素养、慢性病防治素养、传染病防治素养等。据《中国居民健康素养监测报告（2018 年）》监测结果显示，2018 年中国居民健康素养水平为 17.06%，相较 2017 年增长 2.88%，继续呈现稳步提升态势。从城乡分布来看，城市居民健康素养水平达到 22.44%，农村水平为 13.72%，城市略高于农村，但农村的素养水平提升速度高于城市。从地区分布来看，东部地区为 22.07%，中部地区为 13.51%，西部地区为 13.23%。其中，东部地区增长了 3.36 个百分点，中部地区增长了 1.96 个百分点，西部地区增长了 3.35 个百分点，西部提升速度高于东部和中部。2019 年 7 月，国务院印发的《国务院关于实施健康中国行动的意见》提出健康中国行动的目标，预计 2022 年和 2030 年全国居民健康素养水平分别不低于 22% 和 30%。

2. 医疗卫生服务能力快速提升

新中国成立初期，全国只有医院 2 803 家，医院床位 11.91 万张。医院基本上集中在城镇，医疗技术比较低下，无法满足广大人民群众的就医需求，特别是乡村地区，缺乏基本的医疗卫生保障，医疗环境亟待改善。经过 70 多年的建设和发展，我国卫生服务和人民生活水平不断提高，卫生资源配置不断优化，各类诊疗机构均衡发展，有效满足了人民群众多样化、多层次的就医需求，努力提供了更加有针对性的诊疗服务。到 2017 年，医院数量已发展到 31 056 家，其中综合医院 18 921 家，中医医院 3 695 家，专科医院 7 220 家；医院床位 612.05 万张，其中综合医院床位 417.24 万张，中医医院床位 81.82 万张，专科医院床位 94.56 万张。已形成了综合医院、中医医院、专科医院互为补充且较为完善的诊疗体系。

我国持续完善卫生人才队伍建设，坚持统筹兼顾、协调发展，不断优化卫生人才配置结构，重视城乡区域分布合理化，注重建设适应我国医疗卫生事业发展的卫生服务队伍。全国卫生人员数量已从建国初期的 61.12 万人，发展到 2017 年的 1 174.90 万人，增加了 18.22 倍。各类卫生人才协调发展，卫生技术人员、执业（助理）医师、注册护士人数均稳步增长，其中注册护士数量从 3.78 万人，增长到 380.40 万人，增加了 99 倍，医护比倒置的局面得到明显改善，居民就医的获得感明显增强。

3. 中国特色医疗卫生制度优势显现

经过 70 多年不断发展，中国初步搭建了中国特色基本医疗卫生制度框架，医疗服务的可及性、质量、效率和满意度持续提高。分级诊疗制度建设有序推进，医联体建设稳步实施，按照“规划发展、分区包段、防治结合、行业监管”原则，推进医联体网格化布局。现代医院管理制度逐步建立，全面推开公立医院综合改革，现代医院管理制度试点稳步推进，医疗卫生机构考核管理持续强化。全民医保制度逐步完善，建立起世界上规模最大的基本医疗保障网，居民参保率稳固在 95% 以上，全面建立城乡居民大病保险制度，覆盖 10 亿多居民，医保管理体制更加完善。初步建立国家基本药物制度，药品供应保障制度日益完善，实施药品生产、流通、使用全流程改革。综合监管制度加快建立，深化卫生健康领域“放管服”改革，逐步健全医疗卫生行业综合监管制度，建立部际联系机制，完善协调机制和督察机制，监管力度不断加强。优质高效医疗卫生服务体系正在建立，医疗卫生资源布局逐步改善，实施全民健康保障工程建设规划。建成了全球最大的传染病疫情和突发公共卫生事件网络直报系统，突发公共卫生事件平均报告时间缩小到 4 小时以内，初步建立起具有中国特色的卫生应急体系。

（二）当前卫生健康事业面临的挑战

当前，健康服务供给总体不足与需求不断增长之间的矛盾依然突出，健康领域发展与经济社会发展的协调性有待增强，建设健康中国面临的形势日趋复杂，各种挑战依然存在。

1. 人口老龄化加速和疾病患者年轻化明显

我国人口老龄化进程迅猛，给医疗卫生事业的发展带来巨大的压力。自 2000 年跨入“老龄化社会”后，人口老龄化数量一直持续增多，全国 65 岁及以上老年人占总人口比从 1982 年的 4.9%，上升到 2001 年的 7.1%，2016 年达 10.8%。人口老龄化的加速发展，相应地会带来医疗、护理成本的上升。疾病谱从以传染性疾病为主加速转向以慢性非传染性疾病为主。慢性疾病患者年轻化趋势明显，慢性疾病患病率持续上升，知晓率、治疗率、控制率却严重不足，尤其农村地区慢性疾病的知晓率、治疗率和控制率更低。相当规模的人群缺乏自我健康管理的意识和能力，忽视健康及其投入。慢性疾病的主要致病风险因素广泛流行，公众应有的重视程度不够。此外，经济社会转型期工作和生活节奏的趋快，劳动关系、人际关系趋紧，工作和生活压力趋增，借助互联网失序蔓延的不良情绪和社会氛围，对公众心理和生理健康造成的影响也不容忽视。这些趋势都加剧了建设健康中国所面临问题的复杂性。

2. 医疗保险、医疗卫生、医药供应体制改革滞后

尽管中国初步建成了全民医疗保险制度，97% 以上的人口已被不同医保制度所覆盖，城乡居民疾病医疗的后顾之忧在大幅度减轻，医疗卫生体制改革与医药流通体制改革也在着力推进，但医保、医疗、医药三者间的联动改革实质性进展不突出，良性互动态势并未出现。这导致医疗卫生服务体系、医疗保障体系与公众日益增长的健康需求差距较大。尤以医保支付、医药流通体制、公立医院改革滞后表现突出，基层服务薄弱、优质资源和患者涌向上级医疗机构、激励机制不当导致资源浪费和低效率等问题突出。医疗保险、医疗卫生、医药供应改革的滞后和不能实现良性互动，这是健康中国建设进程中应当尽快克服的障碍。

3. 卫生和健康领域投入不足，自费负担较重

中国健康（卫生）总费用在持续增长，全国卫生总费用占 GDP 之比从 1978 年的 3% 增长到 2016 年的 6.2%，增长弹性长期处于 2 左右的高位水平，社会医疗保险支出在其中扮演了重要且积极的角色。但总量投入水平仍然较低、各主体负担结构不尽合理。统计资料表明，中国目前的健康领域投入总量较发达国家健康总投入普遍占国内生产总值 10% 以上还有一定的差距，尚未达到饱和，在水平进一步提升的过程中还需要注重资源投入的效率和公平性。在投入结构方面，公共财政投入于健康领域的约束力较弱，尚缺乏制度性的保障；自付费用负担仍然偏重，其占比达 31.99%，高于世界卫生组织推荐防止因病致贫的不超过 20% 之水平。

4. 环境污染和食品安全等问题仍未得到有效治理

伴随中国快速工业化而来的，是空气、水、土壤等生态环境污染以及食品药

品安全问题，它们是国民健康的重大隐患。根据世界卫生组织的最新可比数据，在用以监测联合国2030可持续发展健康目标实现情况的健康指标中，当前中国主要指标大多优于全球平均水平。中国卫生和健康事业取得了令人瞩目的成就，但在控制环境污染特别是颗粒污染物PM2.5及其带来的严重健康问题、道路交通事故安全、专业医护人力资源的充足性和分布均衡性、政府在健康领域的投入等方面还有较大的提升空间，需要更为有效的应对措施。由于中国的地区发展不均衡和城乡差异，某些地区和人群需改善的空间更大。①

中国人均预期寿命从35岁增长到77岁

“人生七十古来稀”，这句古话放在今天的中国早已不适用了。作为衡量经济社会发展水平和医疗卫生服务水平的综合指标，中国人均寿命在70年间实现巨大跨越。日前，国家统计局发布报告指出，新中国成立以来，中国人口总量平稳增长，人口素质显著提升，特别是改革开放以来，不断扩大的流动人口规模，持续提高的人口城镇化水平，为经济社会持续健康发展注入了强大活力。

新中国成立以来，中国总人口由1949年的5.4亿人发展到2018年的近14亿人，年均增长率约为1.4%。庞大的人口总量为中国经济腾飞提供了宝贵的人力资源。

新中国成立之初，中国人口出生率为36.0‰，死亡率高达20.0‰，自然增长率为16.0‰，平均预期寿命仅为35岁，属于高出生率、高死亡率、低自然增长率的传统型人口再生产类型。

新中国成立后，社会环境恢复和平，人民生活水平不断提高，医疗卫生事业逐步发展，到1957年，人口死亡率已下降至10.8‰，自然增长率升至23.2‰，人均预期寿命升至57岁。伴随死亡率的快速下降，中国人口再生产类型较快实现了第一次转变，进入了高出生率、低死亡率、高自然增长率的过渡型阶段。

① 华颖. 健康中国建设：战略意义、当前形势与推进关键［EB/OL］. 中国共产党新闻网，2018-01-16.

进入20世纪70年代后，生育水平迅速下降，至1977年，总和生育率下降到3.0以下，20世纪末，总和生育率下降到1.8左右，出生率降至15‰以下，自然增长率降至8‰左右，2018年人均预期寿命为77岁。中国人口再生产类型进入低出生率、低死亡率、低自然增长率的阶段，与现代经济发达和较发达国家类似。

资料来源：搜狐网，2019-08-28.

二、科学部署　建构健康中国建设的实施方略

2015年3月，李克强总理强调："健康是人民群众的基本要求，要不断提高医疗卫生水平，打造健康中国。"这是第一次提出"健康中国"概念。2016年10月《"健康中国2030"规划纲要》出台，制定了建设健康中国的总体要求、战略目标、重点任务。党的十九大报告更是将实施健康中国战略纳入国家发展的基本方略，把人民健康置于"民族昌盛和国家富强的重要标志"地位，建设健康中国进入全面实施阶段。2019年7月，国务院发布《关于实施健康中国行动的意见》，进一步明确了健康中国建设的重点工作和发展战略步骤。

（一）建设健康中国的战略意义

国民健康不仅是民生问题，也是重大的政治、经济和社会问题。健康中国建设不仅直接关乎民生福祉，而且关乎国家全局与长远发展、社会稳定和经济可持续发展，从而具有重大的战略意义。

1. 体现以人民为中心的思想

健康中国建设紧紧围绕人民群众的健康这一根本问题，从普及健康生活、优化健康服务、完善健康保障、建设健康环境、发展健康产业等方面充分展开，充分体现了以人为本的发展理念和增进民生福祉的价值取向。建设健康中国，要让所有人共享健康成果，享受健康生活，把健康放在优先发展的战略地位，并且将人民健康的理念融入公共政策制定实施的全过程。随着人民生活水平从小康向富裕过渡以及健康意识的增强，人们更加追求生活质量、关注健康安全，不仅要求

看得上病、看得好病，更希望不得病、少得病，看病更舒心、服务更体贴，这必然带来层次更高、覆盖范围更广的全民健康需求。实施健康中国战略，可以更加精准对接和满足群众多层次、多样化、个性化的健康需求。

2. 助力培育经济发展新动力

在“提供全方位全周期健康服务”的健康中国建设中，健康管理、休闲健身、医养产业、医疗服务产业等健康服务业必将得到长足发展。依据《“健康中国2030”规划纲要》确定的目标，2030 年健康服务业总规模将达到 16 万亿元。建立在人民生活改善基础的健康服务业，其可持续性非常强，带动作用十分明显，完善健康保障，深化供给侧结构性改革，可以解除群众后顾之忧，有利于释放投资和消费需求，拉动增长、扩大就业。实施健康中国战略，将为经济社会协调发展注入新活力。健康的、受过良好教育的劳动者是经济发展最重要的人力资源。“投资于健康”可以有效提高劳动力工作年限和劳动生产率，促进“人口红利”更多转化为“健康红利”，降低人口老龄化对劳动力结构的负面影响，延长重要战略机遇期。

3. 促进社会和谐安定

发展社会保障顺应的是民生诉求，解决的是民生疾苦，化解的是社会矛盾与经济危机，促进的是国家认同、社会公正与全面发展，维系的是社会安定与国家安全。从本质上说，健康中国建设也是保障民生福祉之策，同样关乎社会和谐安定。此外，当前我国正处于脱贫攻坚的关键时期，因病返贫成为其间一大障碍。改善贫困地区的卫生与健康状况，加大医疗扶贫力度，对健康中国战略的实施提出了要求。

4. 医疗卫生事业改革发展的内在要求

党的十八大以来，我国医疗卫生事业获得长足发展，深化医药卫生体制改革取得突破性进展，人民健康和医疗卫生水平大幅提高，主要健康指标优于中高收入国家平均水平。同时，随着工业化、城镇化、人口老龄化进程加快，疾病谱、生态环境、生活方式等发生变化，我国面临多重疾病威胁并存、多种影响因素交织的复杂局面，医疗卫生事业发展不平衡不充分与人民健康需求之间的矛盾比较突出。实施健康中国战略，就是要坚持问题和需求双导向，最大限度降低健康危险因素，全面提升医疗卫生发展水平。[①]

---

① 李斌. 实施健康中国战略［EB/OL］. 人民网，2018-01-12.

（二）建设健康中国的战略部署

为推进健康中国建设，提高人民健康水平，2016年10月，中共中央、国务院印发了《“健康中国2030”规划纲要》，这是推进健康中国建设的宏伟蓝图和行动纲领。全社会要增强责任感、使命感，全力推进健康中国建设，为实现中华民族伟大复兴和推动人类文明进步作出更大贡献。

1. 建设健康中国的核心要义

坚持以人民为中心，把人民健康放在优先发展的战略位置。一人之健康是立身之本，人民之健康是立国之基。把人民健康放在优先发展的战略位置，就是把健康优先体现在社会生活全过程，经济社会发展规划中突出健康目标，公共政策制定实施中向健康倾斜，财政投入上保障健康需求，切实维护人民健康权益。

贯彻新发展理念，坚持新时代卫生与健康工作方针。坚持预防为主、中西医并重等实践证明行之有效的指导思想；强调以基层为重点，推动工作重心下移、资源下沉到农村和城市社区，突出以改革创新为动力，以自我革命的精神，用中国办法破解医改世界性难题；特别倡导把健康融入所有政策，人民共建共享，推动政府、全社会、人民群众共同行动，激发积极性和创造力，实现“人人参与、人人尽力、人人享有”。

完善国民健康政策，全方位、全周期维护人民健康。以提高人民健康水平为核心，从健康影响因素的广泛性出发，转变卫生与健康发展方式，加快基本医疗卫生与健康促进法立法进程，把健康融入所有政策，将维护人民健康的范畴从传统的疾病防治拓展到生态环境保护、体育健身、职业安全、意外伤害、食品药品安全等领域，普及健康生活、优化健康服务、完善健康保障、建设健康环境、发展健康产业，实现对生命全程的健康服务和健康保障。

促进社会公平正义，坚持基本医疗卫生事业的公益性。毫不动摇把公益性写在医疗卫生事业的旗帜上，正确处理政府与市场、基本与非基本的关系，绝不走全盘市场化、商业化的路子。政府承担好公共卫生和基本医疗服务等组织管理职责，切实履行好领导、保障、管理和监督的办医责任，同时注重发挥竞争机制作用。在非基本医疗卫生服务领域，充分发挥市场配置资源作用，鼓励社会力量增加服务供给、优化结构。

2. 建设健康中国的重点工作

深化医药卫生体制改革，全面建立中国特色基本医疗卫生制度。更加注重改革的整体性、系统性、协调性，更加注重医疗、医保、医药“三医”联动，以建机制为重点，加快五项基本医疗卫生制度建设，努力用中国办法破解医改世界性难题。

全面建立分级诊疗制度。优化医疗资源结构和布局，明确各级各类医疗卫生机构的功能定位，建立管理紧密型城市医疗集团、县域医疗共同体、区域专科联盟、远程医疗协作等多种形式的医疗联合体，提高医疗资源利用效率和整体效益，加快构建优质高效的整合型医疗卫生服务体系，形成科学合理的就医秩序，为居民提供一体化、连续性的健康管理和基本医疗服务，搭建形成“基层首诊、双向转诊、急慢分治、上下联动”的分级诊疗制度框架。

健全现代医院管理制度。巩固公立医院全面取消“以药补医”成果。明确政府办医职责，落实公立医院经营管理自主权。科学调整医疗服务价格，体现医务人员劳动价值。各级各类医院要制定章程，健全决策、管理等制度，提升医疗质量和医疗安全，开展便民惠民服务，持续改善医疗服务。落实“两个允许”，建立符合行业特点的人事薪酬制度。强化医院党的建设，加强医德医风建设，弘扬崇高职业精神。建立“权责清晰、管理科学、治理完善、运行高效、监督有力”的现代医院管理制度。

健全全民医疗保障制度。完善医保筹资和待遇调整机制，实施好城乡居民基本医保“六统一”政策，完善统一的城乡居民基本医疗保险制度和大病保险制度，加强制度间衔接。实现群众异地就医基本医保直接结算。逐步在公立医院推行按病种付费为主的复合型付费方式改革，同步推进临床路径管理，严控医疗费用不合理增长。落实商业保险机构承办大病保险，支持其参与基本医保经办服务。

健全药品供应保障制度。完善并落实药品生产、流通、使用各环节政策，鼓励新药研发，加快推进已上市仿制药质量和疗效一致性评价，采取定点生产、市场撮合等措施健全短缺药品供应保障机制。完善药品、耗材集中采购机制，推进国家药品价格谈判，推行药品采购“两票制”，降低虚高价格。完善基本药物制度，加强药品特别是抗菌药物使用管理，规范用药行为。

建立健全综合监管制度。构建集中、专业、高效的监管体系，实现全行业覆盖。强化事中事后监管，推进“双随机、一公开”，提高依法执业水平，主动接受社会监督。健全行业法规标准体系，强化医务人员依法执业、患者依法就医、医患纠纷依法处理，坚决打击涉医违法犯罪活动，形成全社会尊医重卫的氛围。

以强基层为重点，促进医疗卫生工作重心下移、资源下沉。加强基层医疗卫生服务体系建设，多措并举把更多的人才技术引向基层、财力物力投向基层、优惠政策倾斜基层，促进基层“软件”和“硬件”双提升。深化医教协同，制定实施卫生人才培育培训规划，加强全科医生队伍建设，做实做好家庭医生（团队）签约服务，为群众提供综合、连续、协同的基本医疗卫生服务。

坚持预防为主，全面提升公共卫生服务水平。大力抓好健康促进，广泛开展“三减三健”行动和全民健身运动，倡导健康文明生活方式，塑造自主自律健康行为。坚持防治结合，因病施策，实施扩大国家免疫规划，有效防控各类重大疾病。深入实施基本和重大公共卫生服务项目。加强老年人、妇女、儿童、残疾人、流动人口等重点人群健康工作。深入开展爱国卫生运动，综合整治城乡环境卫生，推进健康城市、村镇、社区、学校、家庭等建设。加强大气、水、土壤、工业污染等治理，建设有利于健康的生态环境。实施食品安全战略，让人民吃得放心。深入实施健康扶贫工程，不让一名群众因健康问题在奔小康的征程中“掉队”。

坚持中西医并重，传承发展中医药事业。落实中医药法律法规，建立健全适合中医药发展的政策体系、管理体系、标准体系和评价体系，发挥中医药在健康养生、治未病中的主导作用，在疾病治疗、康复中的独特作用。实施中医药传承创新工程，加强古籍、传统知识和诊疗技术保护、抢救及整理。发展中医保健服务，加快中医药走出去步伐。

发展健康产业，满足人民群众多样化健康需求。按照“放管服”改革要求，消除政策障碍，鼓励社会力量提供卫生与健康服务。推动医疗服务与旅游、互联网、体育、食品行业等深度融合。深化“互联网＋健康医疗”服务，促进和规范健康医疗大数据应用。深化“医科协同”“医工协同”，加快医学与健康科技成果转化，打造核心竞争力强的医药工业。

完善人口政策，促进人口均衡发展与家庭和谐幸福。继续实施好全面两孩政策，充分发挥政策效应。健全完善税收、住房、就业、家庭发展、托幼服务等社会经济政策，与生育政策配套衔接，加强生育全程基本医疗保健服务。加强人口发展战略研究，开展生育意愿调查和全面二孩政策评估工作，科学研判人口形势。从实际情况出发，营造有利于经济社会协调发展和人的全面发展的人口环境，进一步提高人口素质，强化人力资本优势。实施健康老龄化工程，健全医疗卫生机构与养老机构合作机制，支持社会力量兴办医养结合机构，提供康复、护理、安宁疗护等多种形式的健康养老服务。[①]

（三）新时代建设健康中国的具体行动

为加快推动从以治病为中心转变为以人民健康为中心，动员全社会落实预防为主方针，实施健康中国行动，提高全民健康水平，2019 年 7 月，国务院制定《关于实施健康中国行动的意见》，为新时代健康中国建设的具体行动作出了科学谋划。

一是人民健康是民族昌盛和国家富强的重要标志，预防是最经济最有效的健康策略。坚持以习近平新时代中国特色社会主义思想为指导，全面贯彻党的十九大精神，坚持以人民为中心的发展思想，坚持改革创新，贯彻新时代卫生与健康工作方针，强化政府、社会、个人责任，加快推动卫生健康工作理念、服务方式从以治病为中心转变为以人民健康为中心，建立健全健康教育体系，普及健康知识，引导群众建立正确健康观，加强早期干预，形成有利于健康的生活方式、生态环境和社会环境，延长健康寿命，为全方位全周期保障人民健康、建设健康中国奠定坚实基础。

二是坚持普及知识、提升素养，自主自律、健康生活，早期干预、完善服务，全民参与、共建共享的基本原则。到 2022 年，健康促进政策体系基本建立，全民健康素养水平稳步提高，健康生活方式加快推广。到 2030 年，全民健康素养水平大幅提升，健康生活方式基本普及，居民主要健康影响因素得到有效控制，因重大慢性病导致的过早死亡率明显降低，人均健康预期寿命得到较大提高，居民主要健康指标水平进入高收入国家行列，健康公平基本实现。

三是具体部署专项行动，从健康知识普及、合理膳食、全民健身、控烟、心理健康等方面综合施策，全方位干预健康影响因素；关注妇幼、中小学生、劳动者、老年人等重点人群，维护全生命周期健康；针对心脑血管疾病、癌症、慢性呼吸系统疾病、糖尿病四类慢性病以及传染病、地方病，加强重大疾病防控。通过政府、社会、家庭、个人的共同努力，努力使群众不生病、少生病，提高生活质量。

---

① 李斌. 实施健康中国战略［EB/OL］. 人民网，2018-01-12.

《关于实施健康中国行动的意见》指出，国家层面成立健康中国行动推进委员会，制定印发《健康中国行动（2019—2030年）》，细化15个专项行动的目标、指标、任务和职责分工，统筹指导各地区各相关部门加强协作，研究疾病的综合防治策略，做好监测考核。动员各方广泛参与，凝聚全社会力量，形成健康促进的强大合力。加强公共卫生体系建设和人才培养，加强财政支持，强化资金统筹，优化资源配置，加强科技、信息支撑，完善法律法规体系。要注重宣传引导，及时发布政策解读，设立健康中国行动专题网站，以有效方式引导群众了解和掌握必备健康知识，践行健康生活方式。

三、共克时艰　夺取抗击新型冠状病毒肺炎疫情的全面胜利

重大传染性疾病是全人类的敌人。2020年1月以来，我国暴发新型冠状病毒肺炎疫情。这次疫情是新中国成立以来在我国发生的传播速度最快、感染范围最广、防控难度最大的一次重大突发公共卫生事件。随着疫情的发展，全球扩散蔓延，波及200多个国家和地区，给人民生命安全和身体健康带来巨大威胁，给全球公共卫生安全带来巨大挑战。面对疫情带来的严峻挑战，中国举全国之力，迅速采取最全面、最严格、最彻底的防控举措，多地启动重大突发公共卫生事件一级响应。经过全国上下艰苦努力，疫情防控形势持续向好，生产生活秩序也呈现加快恢复的态势。

（一）加强党的领导，为打赢疫情防控阻击战提供政治保证

新型冠状病毒肺炎疫情在武汉市发生后，党中央、国务院高度重视，立即启动国家应急响应，成立中央应对疫情工作领导小组和国务院联防联控机制，习近平总书记亲自指挥、亲自部署防控工作，作出一系列重要指示，为打赢疫情防控人民战争、总体战、阻击战提供了科学指南和根本遵循。李克强总理任中央应对疫情工作领导小组组长，统筹协调各相关部门和全国各省（自治区、直辖市）各项防控工作。

坚持党中央的集中统一领导是战胜疫情的前提，“事在四方，要在中央”，疫情发生后，党中央迅速反应，第一时间制定疫情防控政策，紧急研究部署各项工作的开展，派驻指导小组，总览全局，协调各方，各地按照党中央的部署和要求压实各自疫情防控责任，真正做到了守土有责、守土担责、守土尽责，对各地疫

情防控起到重要作用。

基层党组织是战胜疫情的基础，“沧海横流，方显英雄本色”。党的基层组织是我们党的全部工作和战斗基础，是与人民群众联系最紧密的重要阵地，疫情防控以来，全国上下一盘棋，党旗在一线高高飘起，堡垒在一线牢牢矗立，有力地遏止了疫情向一线规模性扩散。党员发挥模范作用是战胜疫情的关键，“是党员，我先上；我是党员，我带头”，面对疫情，广大党员战斗在前，冲锋在前，奉献在前，真正做到全心全意为人民服务，起到了模范作用，真正成为疫情防控的“主力军”、群众依靠的“主心骨”。从党中央到基层党组织，从总书记到普通党员，我们党带领人民积极展开防控阻击战，疫情防控取得各项胜利。

（二）审时度势，及时制定战略策略，为打赢疫情防控阻击战提供科学部署

党中央审时度势、综合研判，及时提出坚定信心、同舟共济、科学防治、精准实施的总要求，明确了坚决遏制疫情蔓延势头、坚决打赢疫情防控阻击战的总目标，形成了全面动员、全面部署、全面加强疫情防控的战略格局。

全国防控工作由前期在武汉市等湖北省重点地区快速上升到当前全国疫情的全面控制，主要经历了三个阶段：

第一阶段，围绕武汉市等湖北省重点地区防输出、全国其他地区防输入的防控目的，以控制传染源、阻断传播、预防扩散为主要策略，采取启动响应和多部门联防联控，关闭市场，确定病原体。2020 年 1 月 3 日向世卫组织通报疫情，1 月 10 日分享了毒株全基因组序列，制定下发诊疗、监测、流调、密切接触者管理和实验室检测方案。开展监测与流行病学调查，研发检测试剂盒，严格野生动物和活禽市场监管等防控措施。

第二阶段，围绕降低流行强度、缓疫削峰的防控目的，在武汉市等湖北省重点地区以积极救治、减少死亡、外防输出为主要策略，在全国其他地区以外防输入、内防扩散、群防群控为主要策略。开展了一系列综合性防控措施：在全国关闭了野生动物市场，隔离了野生动物繁育养殖设施；2020 年 1 月 20 日将新型冠状病毒肺炎纳入法定报告乙类传染病，采取甲类措施严格管理，实行体温监测和健康申报制度，采取依法监测与交通场站检疫；1 月 23 日武汉实行严格限制交通的措施；完善诊疗和防控技术方案，强化病例隔离救治；全面落实“四早”“四集

中”；确保应治尽治，对密接和重点地区人员隔离医学观察；实施延长春节假期、交通管制、控制运能的措施，减少人员流动，取消人群聚集性活动；动态发布疫情和防控信息，加强公众风险沟通和健康宣教；统筹调配医疗物资，新建医院，启用储备床位和征用相应场所，确保应收尽收；生活物资保供稳价，维护社会平稳运行等。

第三阶段，围绕减少聚集性疫情，彻底控制疾病流行，统筹兼顾疫情防控与经济社会可持续发展的目的，全国范围内以统一指挥、分类指导、科学循证、精准施策为主要策略。

在武汉市等湖北省重点地区突出“救治”和“阻断”，强调继续做实做细上一阶段“应检尽检、应收尽收、应治尽治”等各项措施。采取以风险为导向的地域差异化防控措施，强化流行病学调查、病例管理和高危场所聚集性疫情防控；应用大数据和人工智能等新技术加强密切接触者和重点人群管理；出台“医保支付、异地结算、财政兜底”的医保政策；全国对口支援武汉市等湖北省重点地区，迅速遏制疾病流行；完善开学前准备工作，分类分批有序复工复产，开展“点对点、一站式”务工人员返岗健康和保障服务，全面恢复社会正常运行；普及防病知识，提高公众健康素养和技能；全面开展监测、药物、疫苗、疾病谱、溯源等应急科研攻关。

（三）紧紧依靠人民群众，为打赢疫情防控阻击战创造最广泛基础

抗击疫情，人民群众是最深厚的底气、最坚强的支撑，是打赢疫情防控阻击战的最广泛基础。正如习近平总书记指出：“战胜这次疫情，给我们力量和信心的是中国人民。只要紧紧依靠人民，我们就一定能够战胜一切艰难险阻，实现中华民族伟大复兴。”在抗击疫情的过程中，14 亿中华儿女展现了勠力同心的强大力量。许多医务工作者主动请缨，纷纷写下“请战书”，在疫情防控工作一线奋战；许多干部职工放弃春节假期，在交通运输、防疫物资加工、快递等多条战线上坚守岗位，保障一线需要，与时间赛跑、与病毒抗争，不计报酬、不论生死，奋战在疫情防控的一线，为我们扛起了希望。疫情防控是一场全民行动，充分发动人民群众，提高群众自我服务、自我防护能力。采取严格的小区封闭管理措施，加强进出人员管理，做好体温监测和信息登记，坚决切断传染源、阻隔传播途径。更为关键的是，广大人民群众不断提高防范意识，春节期间做到了少出门、少聚会、戴口罩、勤洗手，有的还在党员干部带领下加强对流动人员的疫情监测和防

控，形成群防群治的有利局面，为战胜疫情提供了良好的环境。实践证明，紧紧依靠人民群众，没有克服不了的惊涛骇浪。“积力之所举，则无不胜也”，集中群众力量办大事，是阻击疫情的“长效疫苗”。战“疫”，为了人民；信心，来自人民；打赢，依靠人民。“人民才是真正的英雄”。

习近平总书记指出：“流行性疾病不分国界和种族，是人类共同的敌人。国际社会只有共同应对，才能战而胜之。”新型冠状病毒肺炎疫情的发生表明，人类是一个休戚与共的命运共同体，赢得这场人类同重大传染性疾病斗争的胜利，其伟力来源于各国人民。中国抗击疫情取得显著成效的一个重要原因，就是始终把人民生命安全和身体健康放在第一位，坚持全民动员、联防联控、公开透明，打响了一场抗击疫情的人民战争。

当前，世界面临的不稳定性不确定性突出，传统安全与非传统安全问题复杂交织，人类面临的挑战层出不穷、风险日益增多。同处一个彼此联结的世界之中，面对空前严峻的共同挑战，面对疫情给全人类带来的巨大挑战，人类命运共同体理念彰显出强大的真理和道义力量。国际社会最需要的是同舟共济、守望相助，全面加强国际合作，凝聚起战胜重大传染性疾病的强大合力，迎来人类发展更加美好的明天。

延伸阅读

新型冠状病毒

2019 年 12 月 30 日，从武汉金银潭医院不明原因肺炎（2002—2003 年 SARS 暴发之后制定的一种监测定义）患者中采集了 3 份支气管肺泡灌洗液样本。对样本进行泛 β－冠状病毒实时荧光定量 RT-PCR 检测后，结果显示冠状病毒核酸阳性。利用 Illumina 二代测序和 nanopore 三代测序技术，获得了病毒的全基因组序列。生物信息学分析表明，新型冠状病毒（nCoV-19）具有冠状病毒家族的典型特征，属于 β－冠状病毒。对 nCoV-19 的全基因组序列和已有的其他 β－冠状病毒的全基因组序列进行一致性比对后显示，该病毒与蝙蝠携带的 SARS 样冠状病毒 RaTG13 株全基因组亲缘关系最近，同源性为 96%。

利用人呼吸道上皮细胞、Vero E6、Huh-7等不同细胞系进行了病毒分离。接种后96小时观察到细胞病变效应（CPE）。负染后在透射电子显微镜（TEM）下能观察到典型的冠状颗粒。从恢复期患者中采集的血清可以完全中和分离病毒的细胞感染性。转人ACE2基因小鼠和恒河猴经鼻感染该病毒后，可诱发多灶性肺炎伴间质增生。随后在受试动物的肺和肠道组织中检测并分离出该新型冠状病毒。

新型冠状病毒肺炎在无防护下通过飞沫和密切接触在感染者和被感染者之间发生传播。尚无新型冠状病毒肺炎空气传播的报告，且根据现有证据，也不认为空气传播是主要传播方式。但在医疗机构中或可存在因医疗操作产生气溶胶而发生空气传播的可能。粪便排毒已在一些患者中得到证实，少数病例粪便中还发现了活病毒，但根据现有证据，粪口传播似乎并不是新型冠状病毒肺炎传播的主要传播方式，其在新型冠状病毒肺炎病毒传播中的地位和作用仍待明确。

资料来源：中国新闻网，2020-02-29.

思考题

1. 如何认识我国卫生健康事业取得的显著成就和面临的巨大挑战？

2. 健康中国建设的主要内容是什么？

3. 抗击新型冠状病毒肺炎疫情过程中给我们的启示有哪些？

专题八

凝心聚力　夺取脱贫攻坚战全面胜利

消除贫困、改善民生、逐步实现共同富裕，既是社会主义的本质要求，也是中国共产党的重要使命。改革开放以来，我们实施大规模扶贫开发，使7亿农村贫困人口摆脱贫困，取得了举世瞩目的伟大成就，谱写了人类反贫困历史上的辉煌篇章。党的十八大以来，我们把扶贫开发工作纳入“四个全面”战略布局，作为实现第一个百年奋斗目标的重点工作，摆在更加突出的位置，大力实施精准扶贫，不断丰富和拓展中国特色扶贫开发道路，不断开创扶贫开发事业新局面。党的十九大以来，明确把精准脱贫作为决胜全面建成小康社会必须打好的三大攻坚战之一，作出了新的战略部署，强调坚持大扶贫格局，注重扶贫同扶志、扶智相结合，聚力精准施策，决战决胜脱贫攻坚，为全球减贫事业贡献了中国智慧和中国方案，谱写了人类反贫困史上的辉煌篇章。

一、勠力同心　脱贫攻坚取得历史性重大成就

新中国成立以来，党中央、国务院高度重视减贫扶贫，出台实施了一系列中长期扶贫规划，从救济式扶贫到开发式扶贫再到精准扶贫，探索出一条符合中国国情的农村扶贫开发道路。特别是党的十八大以来，全面打响了脱贫攻坚战，农村贫困人口大幅减少，区域性整体减贫成效明显，贫困群众生活水平大幅提高，贫困地区面貌明显改善，脱贫攻坚取得历史性重大成就。

（一）农村贫困人口大幅度减少，精准扶贫精准脱贫成就巨大

新中国成立时，国家一穷二白，人民生活处于极端贫困状态。社会主义基本制度的确立以及农村基础设施的建设、农业技术的推广、农村合作医疗体系的建立等为减缓贫困奠定了基础。改革开放以后，农村率先进行了经济制度改革，实行了家庭联产承包经营责任制，生产力得到极大解放，农民收入大幅提高。农村贫困人口从 1978 年末的 7.7 亿人减少到 1985 年末的 6.6 亿人，农村贫困发生率从 1978 年末的 97.5% 下降到 1985 年末的 78.3%。

20 世纪 80 年代中期开始，我国针对区域发展不均衡的问题，确立以贫困地区为重点，实施有计划有针对性的扶贫开发政策，先后实施了“八七扶贫攻坚计划”和两个为期 10 年的“中国农村扶贫开发纲要”，农村贫困程度进一步减轻，贫困人口继续大幅减少。2012 年末我国农村贫困人口 9 899 万人，比 1985 年末减少 5.6 亿多人，下降了 85.0%。

党的十八大以来，我国实施精准扶贫精准脱贫，全面打响了脱贫攻坚战，扶贫工作取得了决定性进展。我国农村减贫人数从 2013 年的 1 650 万人到 2018 年的 1 386 万人，每年减贫人数均保持在 1 000 万以上。十八大以来的六年来，农村已累计减贫 8 239 万人，年均减贫 1 373 万人，六年累计减贫幅度达到 83.2%，农村贫困发生率也从 2012 年末的 10.2% 下降到 2018 年末的 1.7%，中华民族千百年来的绝对贫困问题逐步得到历史性解决。

（二）贫困地区农村居民收入保持快速增长，消费水平大幅提高

新中国成立初期，农村居民生活困苦，收入和消费水平低下。改革开放以来，农村居民收入和消费水平进入快速增长期，2012 年全国农村居民人均收入和消费水平分别比 1978 年实际增长了 11.5 倍和 9.3 倍。

党的十八大以来，坚持开发式扶贫方针，引导和支持所有有劳动能力的贫困人口依靠自己的双手创造美好明天。农村居民收入和消费水平继续保持较快增长，尤其是贫困地区农村居民收入和消费水平实现快速增长，与全国农村平均水平差距缩小，贫困人口发展能力持续提升。建档立卡贫困人口中，90% 以上得到了产业扶贫和就业扶贫支持，三分之二以上主要靠外出务工和产业脱贫，工资性收入和生产经营性收入占比上升，转移性收入占比逐年下降，自主脱贫能力稳步提高。

2013年至2019年，832个贫困县农民人均可支配收入由6 079元增加到11 567元，年均增长9.7%，比同期全国农民人均可支配收入增幅高2.2个百分点。全国建档立卡贫困户人均纯收入由2015年的3 416元增加到2019年的9 808元，年均增幅30.2%。贫困群众“两不愁”质量水平明显提升，“三保障”突出问题总体解决。

（三）贫困地区生活环境明显改善，生活质量全面提高

新中国是在战争的废墟和极度贫苦的环境中建立的，70多年来，党和政府始终致力于农村基础设施建设和农村公共服务改善。党的十八大以来，各级政府继续加大对农村尤其是贫困地区建设和投入力度，贫困地区农村居民生活条件和生活环境明显改善，享有的公共服务水平不断提高，生活质量得到全面提高。具备条件的建制村全部通硬化路，村村都有卫生室和村医，10.8万所义务教育薄弱学校的办学条件得到改善，农网供电可靠率达到99%，深度贫困地区贫困村通宽带比例达到98%，960多万贫困人口通过易地扶贫搬迁摆脱了“一方水土养活不了一方人”的困境。贫困地区群众出行难、用电难、上学难、看病难、通信难等长期没有解决的老大难问题普遍解决，义务教育、基本医疗、住房安全有了保障。

（四）贫困地区经济社会发展明显加快，经济活力明显增强

新中国成立以来，从开展土地改革到实行农业合作化，从建立家庭联产承包责任制到推进农村承包地“三权”分置，从打好脱贫攻坚战到实施乡村振兴战略，一系列“三农”改革建设的创举，推动了农村体制机制不断创新，促进了农业和农村二三产业生产力解放发展。

党的十八大以来，坚持以脱贫攻坚统揽贫困地区经济社会发展全局，贫困地区呈现出新的发展局面。特色产业不断壮大，产业扶贫、电商扶贫、光伏扶贫、旅游扶贫等较快发展，贫困地区经济活力和发展后劲明显增强。通过生态扶贫、易地扶贫搬迁、退耕还林还草等，贫困地区生态环境明显改善，贫困户就业增收渠道明显增多，基本公共服务日益完善。

（五）贫困治理能力明显提升，基层党建效果显著

改革开放初期，针对部分党组织软弱涣散状况，以行政村为党建单位建制进

行全面整顿，提升组织凝聚力。20 世纪 90 年代以后，随着农村组织形式多样化、社会阶层多元化、农业副业化的新变化，农村基层党组织逐渐出现弱化。为更好地发挥基层党组织在乡村振兴中的作用，坚持“以城带乡、资源共享、优势互补、协调发展”的原则，通过实施“大学生村官”计划、派遣党建指导员和驻村第一书记、开展机关事业单位与行政村对口帮扶和双向互挂、建立城乡一体党员动态管理机制等，经过一系列农村基层党建工作的部署与实施，农村基层党组织建设得到了极大加强。

坚持推进抓党建促脱贫攻坚，贫困地区基层组织得到加强，基层干部通过开展贫困识别、精准帮扶，本领明显提高，巩固了党在农村的执政基础。全国共派出 25.5 万个驻村工作队，累计选派 290 多万名县级以上党政机关和国有企事业单位干部到贫困村和软弱涣散村担任第一书记或驻村干部，截至 2020 年 3 月在岗 91.8 万，特别是青年干部了解了基层，学会了做群众工作，在实践锻炼中快速成长。

（六）中国减贫加速了世界减贫进程，为世界减贫作出卓绝贡献

新中国成立以来，我国通过加快建设，深化改革和大规模扶贫开发，贫困人口大幅减少，成为全球最早实现联合国千年发展目标中减贫目标的发展中国家，加速了世界减贫进程，为全球减贫事业作出了巨大贡献。

一是我国减贫速度明显快于全球。世界银行发布数据显示，按照每人每天 1.9 美元的国际贫困标准，从 1981 年末到 2015 年末，我国贫困发生率累计下降 87.6 个百分点，年均下降 2.6 个百分点，同期全球贫困发生率累计下降 32.2 个百分点，年均下降 0.9 个百分点，我国减贫速度明显快于全球，贫困发生率也大大低于全球。

二是为全球减贫提供中国经验。党的十八大以来精准脱贫方略的实施，取得了举世瞩目的成就，也为全球减贫提供了中国方案和中国经验。世界银行 2018 年发布的《中国系统性国别诊断》报告称“中国在快速经济增长和减少贫困方面取得了‘史无前例的成就’”。联合国秘书长古特雷斯在“2017 减贫与发展高层论坛”时发贺信盛赞中国减贫方略，称“精准减贫方略是帮助最贫困人口、实现 2030 年可持续发展议程宏伟目标的唯一途径。中国已实现数亿人脱贫，中国的经验可以为其他发展中国家提供有益借鉴”。

三是积极开展国际减贫合作，为世界减贫贡献中国力量。中国在实现自身减贫

的同时也努力帮助其他发展中国家减贫。截至 2015 年 10 月，中国共向 166 个国家和国际组织提供了近 4 000 亿元人民币援助，派遣 60 多万援助人员，积极向 69 个国家提供医疗援助，并先后为 120 多个发展中国家落实联合国千年发展目标提供帮助。积极推进“一带一路”建设，让国际减贫合作成果惠及更多国家和人民。

新中国成立 70 多年来，中国共产党领导人民自力更生、艰苦奋斗，为解决贫困问题付出了艰辛努力。特别是党的十八大以来，我国全面打响脱贫攻坚战，脱贫攻坚力度之大、规模之广、影响之深前所未有，取得了决定性进展。

全球最贫困的 10 个国家

1. 布隆迪：人均 GDP 292 美元

布隆迪位于非洲东部，它的经济主要基于种植业、茶、咖啡和棉花。在布隆迪，由于艾滋病蔓延，人均寿命仅有 48 岁，90% ～ 95% 的人每天生活费不足 2 美元。

2. 马拉维：人均 GDP 339 美元

马拉维有 1 500 万人口，其中 74% 的人生活在每天 1.90 美元工资的贫困线以下。在这个国家，干旱是一个每天都存在却无法解决的问题。

3. 尼日尔：人均 GDP 378 美元

2015 年，联合国人类发展指数将尼日尔定位为 188 个国家中倒数第二的国家。在这里，三分之二的居民生活在贫困线以下。战争、恐惧、疾病、贫困和瘟疫充斥了尼日尔，食欲是这个国家的人们每天要面临的最值得注意的问题。

4. 莫桑比克：人均 GDP 416 美元

莫桑比克位于非洲南部，隔莫桑比克海峡与马达加斯加相望，以葡萄牙语作为官方语言。但因多年的内战和各种荒年，其经济发展水平低，是联合国宣布的世界最不发达国家和重债穷国。

5. 中非共和国：人均 GDP 418 美元

中非是一个民族众多的国家，有 60 多个民族。1891 年中非沦为法国殖民地，1960年宣告独立开始自治。如今这个国家在经济上表现出了逐年的退步。

6. 马达加斯加：人均GDP 450美元

马达加斯加，非洲岛国，位于印度洋西部，隔莫桑比克海峡与非洲大陆相望，全岛由火山岩构成。马达加斯加的国民经济以农业为主，农业人口占全国总人口80%以上，工业基础非常薄弱。

7. 利比里亚共和国：人均GDP 456美元

利比里亚共和国，位于非洲西部。利比里亚是农业国，农业人口占总人口的72%，全国可耕地380万公顷，已开发的不足13%，粮食不能自给。

8. 刚果民主共和国：人均GDP 458美元

刚果民主共和国是非洲最大的国家，1998年开始的第二次刚果战争让整个国家的经济变得萧条。据估计在2010年刚果每个月有45 000人在战争中死亡。刚果也是世界上食人部落存在的最大的国家。

9. 冈比亚：人均GDP 483美元

冈比亚拥有大约210万人口（2017年），这个国家的农业非常落后，整个行业使用了国家75%的人口，产出33%的GDP。从2014年开始，联合国开发计划署的人类改进文件将其定位为186个国家中最不幸的国家之一。

10. 塞拉利昂：人均GDP 499美元

塞拉利昂是西非的一个贫穷的国家，官方语言是英语。作为世界上最穷的国家之一，塞拉利昂也是世界上最大的钻石出口国之一。

资料来源：腾讯网，2019-03-27.

二、克难奋进　谱写人类反贫困历史上的新篇章

2018年6月15日印发的《中共中央 国务院关于打赢脱贫攻坚战三年行动的指导意见》从完善顶层设计、强化政策措施、加强统筹协调等方面作出了重要部署和科学规划。2020年1月2日印发的《中共中央 国务院关于抓好“三农”领

域重点工作 确保如期实现全面小康的意见》对脱贫攻坚攻克最后堡垒做出具体安排和任务要求。2020 年 3 月 6 日，习近平总书记在决战决胜脱贫攻坚座谈会上的讲话中指出："脱贫攻击战不是轻轻松松一冲锋就能打赢的，从决定性成就到全面胜利，面临的困难和挑战依然艰巨，决不能松劲懈怠。"当前，必须清醒地把握打赢脱贫攻坚战的困难和挑战，切实增强责任感和紧迫感，一鼓作气、尽锐出战、精准施策，以更有力的行动、更扎实的工作，集中力量攻克贫困的难中之难、坚中之坚，确保坚决打赢脱贫这场对如期全面建成小康社会、实现第一个百年奋斗目标具有决定性意义的攻坚战。

（一）坚持精准方略，完善脱贫攻坚制度体系

新时期，坚持精准扶贫精准脱贫基本方略，坚持中央统筹、省负总责、市县抓落实的工作机制，坚持大扶贫工作格局，坚持脱贫攻坚目标和现行扶贫标准，聚焦深度贫困地区和特殊贫困群体，突出问题导向，优化政策供给，下足绣花功夫，着力激发贫困人口内生动力，着力夯实贫困人口稳定脱贫基础，着力加强扶贫领域作风建设，切实提高贫困人口获得感，为实施乡村振兴战略打好基础。

1. 坚持党对打赢脱贫攻坚战的坚强领导

中国共产党领导是中国特色社会主义最本质特征，是中国特色社会主义制度最大的优势。中国共产党始终坚持"为中国人民谋幸福"的初心和使命，牢记"全心全意为人民服务"的工作宗旨，无论是改革开放以来的扶贫开发工作，还是新时代脱贫攻坚战，党对扶贫工作的全面领导一以贯之。

强化中央统筹、省（自治区、直辖市）负总责、市（地）县抓落实的工作机制。中央统筹，重在做好顶层设计，在政策、资金等方面为地方创造条件，加强脱贫效果监管；省（自治区、直辖市）负总责，重在把党中央大政方针转化为实施方案，加强指导和督导，促进工作落实；市（地）县抓落实，重在从当地实际出发推动脱贫攻坚各项政策措施落地生根。各级党委和政府要把打赢脱贫攻坚战作为重大政治任务，增强政治担当、责任担当和行动自觉，层层传导压力，建立落实台账，压实脱贫责任，加大问责问效力度。五级书记抓脱贫攻坚，强化了党对扶贫工作领导的核心地位，为确保打赢脱贫攻坚战提供强有力的政治保障。

深入推进抓党建促脱贫攻坚，全面强化贫困地区农村基层党组织领导核心地位，切实提升贫困村党组织的组织力，强化贫困地区农村基层党建工作责任落实。

2. 坚持精准扶贫精准脱贫方略

脱贫攻坚，精准是要义。坚持在精准实施上出实招，在精准突进上下功夫，在精准落地上见实效。确保把真正的贫困人口弄清楚，把贫困程度、致贫原因等搞清楚，找准“穷根”，明确靶向，做到扶真贫、真扶贫，做到因户施策、因人施策。真正做到扶贫对象精准、措施到户精准、项目安排精准、资金使用精准、因村派人精准、脱贫成效精准，切实落实发展生产脱贫一批、易地扶贫搬迁脱贫一批、生态补偿脱贫一批、发展教育脱贫一批、社会保障兜底一批。

深入实施贫困地区特色产业提升工程，因地制宜加快发展对贫困户增收带动作用明显的种植养殖业、林草业、农产品加工业、特色手工业、休闲农业和乡村旅游，积极培育和推广有市场、有品牌、有效益的特色产品。实施就业扶贫行动计划，推动就业意愿、就业技能与就业岗位精准对接，提高劳务组织化程度和就业脱贫覆盖面。全面落实国家易地扶贫搬迁政策要求和规范标准，结合推进新型城镇化，进一步提高集中安置比例，稳妥推进分散安置并强化跟踪监管，完善安置区配套基础设施和公共服务设施，统筹各项扶贫和保障措施，确保完成贫困人口搬迁建设任务。加强生态扶贫，创新生态扶贫机制，加大贫困地区生态保护修复力度，实现生态改善和脱贫双赢。

着力实施教育脱贫攻坚行动，以保障义务教育为核心，全面落实教育扶贫政策，进一步降低贫困地区特别是深度贫困地区、民族地区义务教育辍学率，稳步提升贫困地区义务教育质量。深入实施健康扶贫工程，将贫困人口全部纳入城乡居民基本医疗保险、大病保险和医疗救助保障范围。

3. 坚持加大投入，强化支持保障

强化财政投入保障，坚持增加政府扶贫投入与提高资金使用效益并重，健全与脱贫攻坚任务相适应的投入保障机制，支持贫困地区围绕现行脱贫目标，尽快补齐脱贫攻坚短板。

加大金融扶贫支持力度，加强扶贫再贷款使用管理，优化运用扶贫再贷款发放贷款定价机制，引导金融机构合理合规增加对带动贫困户就业的企业和贫困户生产经营的信贷投放。

实施人才和科技扶贫计划，深入实施边远贫困地区、边疆民族地区、革命老区人才支持计划，扩大急需紧缺专业技术人才选派培养规模。动员全社会科技力量投入脱贫攻坚主战场，开展科技精准帮扶行动。加强贫困村创业致富带头人培

育培养，提升创业项目带贫减贫效果。

加强土地政策支持，支持贫困地区编制村级土地利用规划，挖掘土地优化利用脱贫的潜力。

4. 坚持社会动员，凝聚合力

习近平总书记指出："脱贫攻坚，各方参与是合力。必须坚持充分发挥政府和社会两方面力量作用，构建专项扶贫、行业扶贫、社会扶贫互为补充的大扶贫格局，调动各方面积极性，引领市场、社会协同发力，形成全社会广泛参与脱贫攻坚格局。"

加大东西部扶贫协作和对口支援力度，把人才支持、市场对接、劳务协作、资金支持等作为协作重点，深化东西部扶贫协作，推进携手奔小康行动贫困县全覆盖，并向贫困村延伸。坚持东西部扶贫协作立足国家区域发展总体战略，深化区域合作，推进东部产业向西部梯度转移，实现产业互补、人员互动、技术互学、观念互通、作风互鉴，共同发展。深入开展定点扶贫工作，落实定点扶贫工作责任，加强工作力量，出台具体帮扶措施。扎实做好军队帮扶工作，加强军地脱贫攻坚工作协调，驻地部队要积极承担帮扶任务，参与扶贫行动，广泛开展扶贫济困活动。

激励各类企业、社会组织扶贫，落实国有企业精准扶贫责任，通过发展产业、对接市场、安置就业等多种方式帮助贫困户脱贫。支持社会组织参与脱贫攻坚，加快建立社会组织帮扶项目与贫困地区需求信息对接机制，确保贫困人口发展需求与社会帮扶有效对接。大力开展扶贫志愿服务活动，动员组织各类志愿服务团队、社会各界爱心人士开展扶贫志愿服务。

5. 坚持群众主体，激发内生脱贫动力

脱贫攻坚，群众动力是基础。坚持依靠人民群众，充分调动贫困群众积极性、主动性、创造性，破除贫困群众精神上的"等、靠、要"思想，树立脱贫光荣导向，坚持扶贫与扶志、扶智相结合，正确处理外部帮扶和贫困群众自身努力的关系，培养贫困群众依靠自力更生实现脱贫的致富意识，培养贫困群众发展生产的各种技能，组织、引导、支持贫困群众用自己辛勤劳动实现脱贫致富，用人民群众的内生动力支撑脱贫攻坚。深入推进文化扶贫工作，提升贫困群众的公共文化服务获得感。加强教育引导，开展扶志教育活动；加强思想、文化、道德、法律、感恩教育，弘扬自尊、自爱、自强精神；坚持自治、法治、德治相结合，教育引

导贫困群众弘扬传统美德、树立文明新风，振奋贫困地区和贫困群众精神风貌，为激发贫困群众脱贫内生动力营造良好氛围。帮扶干部应深入贫困群众，引导其树立正确价值观念，努力找准发力点，精准施策，有效激发贫困群众脱贫的内生动力。

（二）坚定信心，确保高质量完成脱贫攻坚目标任务

打赢脱贫攻坚战，是促进全体人民共享改革发展成果、实现共同富裕的重大举措，也是经济发展新常态下扩大国内需求、促进经济增长的重要途径，更是体现中国特色社会主义制度优越性的重要标志。脱贫攻坚工作艰苦卓绝，当前我们要坚定信心、顽强奋斗，夺取脱贫攻坚全面胜利，坚决完成这项对中华民族、对人类都具有重大意义的伟业。

1. 全面完成脱贫任务

脱贫攻坚已经取得决定性成就，绝大多数贫困人口已经脱贫，现在到了攻城拔寨、全面收官的阶段。要坚持精准扶贫，以更加有力的举措、更加精细的工作，在普遍实现“两不愁”基础上，全面解决“三保障”和饮水安全问题，确保剩余贫困人口如期脱贫。进一步聚焦“三区三州”等深度贫困地区，瞄准突出问题和薄弱环节集中发力，狠抓政策落实。对深度贫困地区贫困人口多、贫困发生率高、脱贫难度大的县和行政村，要组织精锐力量强力帮扶、挂牌督战。对特殊贫困群体，要落实落细低保、医保、养老保险、特困人员救助供养、临时救助等综合社会保障政策，实现应保尽保。各级财政要继续增加专项扶贫资金，中央财政新增部分主要用于“三区三州”等深度贫困地区。优化城乡建设用地增减挂钩、扶贫小额信贷等支持政策。深入推进抓党建促脱贫攻坚。

2. 巩固脱贫成果防止返贫

加强对已脱贫人口开展全面排查，认真查找漏洞缺项，一项一项整改清零，一户一户对账销号。总结推广各地经验做法，健全监测预警机制，加强对不稳定脱贫户、边缘户的动态监测，将返贫人口和新发生贫困人口及时纳入帮扶行列，为巩固脱贫成果提供制度保障。要加大就业扶贫力度，加强劳务输出地和输入地精准对接，稳岗拓岗，支持扶贫龙头企业、扶贫车间大力发展，提升带贫能力，利用公益岗位提供更多就近就地就业机会。要加大产业扶贫力度，种养业发展有自己的规律，周期较长，要注重长期培育和支持。坚持扶贫小额信贷，支持贫困

群众发展生产。强化就业扶贫，深入开展消费扶贫，加大易地扶贫搬迁后续扶持力度。扩大贫困地区退耕还林还草规模。深化扶志扶智，激发贫困人口内生动力。

3. 保持脱贫攻坚政策总体稳定

保持现有帮扶政策总体稳定，坚持贫困县摘帽不摘责任、不摘政策、不摘帮扶、不摘监管。强化脱贫攻坚责任落实，继续执行对贫困县的主要扶持政策，进一步加大东西部扶贫协作、对口支援、定点扶贫、社会扶贫力度，稳定扶贫工作队伍，强化基层帮扶力量。持续开展扶贫领域腐败和作风问题专项治理。对已实现稳定脱贫的县，各省（自治区、直辖市）可以根据实际情况统筹安排专项扶贫资金，支持非贫困县、非贫困村贫困人口脱贫。要建立防止返贫监测和帮扶机制，对脱贫不稳定户、边缘易致贫户加强监测，提前采取针对性的帮扶措施。

4. 接续推进全面脱贫与乡村振兴有效衔接

脱贫摘帽不是终点，而是新生活、新奋斗的起点。脱贫攻坚任务完成后，我国贫困状况将发生重大变化，扶贫工作重心转向解决相对贫困，扶贫工作方式由集中作战调整为常态推进。要研究建立解决相对贫困的长效机制，推动减贫战略和工作体系平稳转型。加强解决相对贫困问题顶层设计，纳入实施乡村振兴战略统筹安排。要针对主要矛盾的变化，理清工作思路，推动减贫战略和工作体系平稳转型，推进脱贫攻坚与实施乡村振兴战略有机衔接，建立长短结合、标本兼治的体制机制。总的要有利于激发欠发达地区和农村低收入人口发展的内生动力，有利于实施精准帮扶，促进逐步实现共同富裕。

5. 做好考核验收和宣传工作

严把贫困退出关，严格执行贫困退出标准和程序，坚决杜绝数字脱贫、虚假脱贫，确保脱贫成果经得起历史检验。加强常态化督导，及时发现问题、督促整改。开展脱贫攻坚普查。扎实做好脱贫攻坚宣传工作，全面展现新时代扶贫脱贫壮阔实践，全面宣传扶贫事业历史性成就，深刻揭示脱贫攻坚伟大成就背后的制度优势，向世界讲好中国减贫的生动故事。

在戈壁大漠挥写“脱贫答卷”

巍巍天山，莽莽昆仑。“三山夹两盆”的新疆，天山横亘中部，昆仑山雄踞南端，两山之间，便是南疆。如果把南疆塔里木盆地视为一面巨鼓，那么两座名山就可看作两只鼓槌。眼下，决战决胜脱贫攻坚的战鼓正在南疆回荡。由于自然条件恶劣等原因，坐落于此的四地州，即喀什地区、和田地区、阿克苏地区和克孜勒苏柯尔克孜自治州，是全国“三区三州”深度贫困地区之一。

2020 年，新疆以南疆四地州为主战场，将确保实现全区剩余 16.58 万贫困人口脱贫、559 个贫困村退出、10 个贫困县摘帽，广大干部群众正紧盯目标，奋笔书写“脱贫答卷”。

产业扶贫筑根基

产业进村，农民变身。新疆把发展产业作为稳定脱贫的主要途径，优先发展纺织服装、电子产品组装等劳动密集型产业，推进旅游富民、电商扶贫，有效带动了贫困人口增收。2020 年，新疆将通过产业发展带动 10.08 万人脱贫。

近年来，和田地区于田县大力发展制鞋业，该县玫瑰小镇温州鞋业扶贫产业园已引进 5 家鞋业公司，带动了千余名贫困人口稳定增收。随着产业发展，预计可带动 5 000 余人脱贫。

开辟就业新空间

一人就业，全家脱贫。阿克苏地区推行“地区统筹、县市牵头、乡镇落实”就业工作模式，做到落实岗位后再有针对性选送和培训，选送必须从贫困家庭转移就业人员储备中来，培训结束后由村、乡、县和就业单位逐级确认转移就业基本信息，实现了选送、培训、就业的无缝链接。

着眼于巩固脱贫成果，喀什地区加大了对脱贫监测户、边缘户、易地搬迁户和特殊困难群体的帮扶力度，通过发展产业、稳定就业，努力实现家家有门路、人人有事干、月月有收入，坚决防止返贫致贫。

着眼长远补“短板”

脱贫攻坚，重在长远。新疆在推进脱贫攻坚过程中紧盯最困难的群体、最突出的问题、最薄弱的环节，全面查漏洞、补“短板”、强弱项。

近年来，南疆四地州教育扶贫力度不断加大。自治区支持深度贫困县义务教育学校建设，实施薄弱学校改造等工程；完善教育扶贫实名制台账，建立贫困学生、受资助学生动态台账，实名到校到班到人，取得了明显成效。

为减轻贫困人口医疗负担，新疆自 2016 年开始实施健康扶贫工程。新疆对贫困人口实行城乡居民基本医疗保险、大病保险、医疗救助加补充医疗保险“三重”医疗精准保障政策，已覆盖所有建档立卡贫困人口。

易地扶贫搬迁是“一方水土养不起一方人”问题的治本之策，在南疆四地州，贫困农牧民陆续从高原深山、沙漠腹地迁到平原绿洲，住上了新房子，工作在新厂子，活出了新样子。

资料来源：中国扶贫网，2020-04-20.

三、深化认识　充分领会打赢脱贫攻坚战的伟大意义

消除贫困，自古以来就是人类梦寐以求的理想。作为世界上最大的发展中国家，中国一直是世界减贫事业的积极倡导者和有力推动者。改革开放40多年特别是党的十八大以来，我国开启了人类历史上最为波澜壮阔的减贫进程，谱写了人类反贫困历史的崭新篇章。我们在扶贫脱贫领域取得的成就和经验，为全球减贫事业贡献了中国智慧和中国方案，这是中国对人类发展事业作出的伟大贡献，具有伟大的意义。

（一）决战决胜脱贫攻坚是对党的初心使命的坚守和践行

习近平总书记指出：“中国共产党人的初心和使命，就是为中国人民谋幸福，为中华民族谋复兴。”决战决胜脱贫攻坚，是一代代中国共产党人的梦想，是全面建成小康社会的必然抉择，是为中国人民谋幸福、为中华民族谋复兴的必由之路。

中国共产党始终高度重视扶贫开发工作，从社会主义的革命、建设到改革开放时期，党和国家始终致力于解决群众的贫困问题，中国扶贫开发取得举世瞩目的成就。打赢脱贫攻坚战充分彰显中国共产党的执政宗旨、政治优势和制度优势。党的十八大以来，以习近平同志为核心的党中央站在全面建成小康社会、实现中华民族伟大复兴中国梦的战略高度，把脱贫攻坚摆到治国理政突出位置，着力在真扶贫、扶真贫、真脱贫上下功夫。强化扶贫开发工作领导责任制，把中央统筹、省（自治区、直辖市）负总责、市（地）县抓落实的管理体制，片为重点、工作到村、扶贫到户的工作机制，党政一把手负总责的扶贫开发工作责任制，真正落到实处。

习近平总书记强调：“为人民谋幸福，是中国共产党人的初心。我们要时刻不

忘这个初心，永远把人民对美好生活的向往作为奋斗目标。”我们的扶贫攻坚战略，正是坚持以人民为中心的充分体现；我们的扶贫攻坚各项措施，正是以最广大人民根本利益为最高标准的具体落实。无论是改革开放以来的扶贫开发工作，还是新时代脱贫攻坚，中国共产党始终坚持“为中国人民谋幸福”的初心和使命，牢记“全心全意为人民服务”的工作宗旨，不断加强党对扶贫工作的全面领导，强调各级党委和政府主体责任，聚焦基层党组织建设，以“尽锐出战”为要求选拔和考核扶贫干部，充分发挥党的政治优势、组织优势和密切联系群众优势，把脱贫责任扛在肩上，把脱贫任务抓在手上，切实把党建优势转化为扶贫优势，为脱贫攻坚事业提供了组织保证，输入了强大动能。①

党中央坚持精准识贫、精准扶贫、精准脱贫，指导各地在扶持对象精准、项目安排精准、资金使用精准、措施到户精准、因村派人（第一书记）精准、脱贫成效精准上用准招数。党和国家坚持把发展教育扶贫作为治本之计，推动贫困地区教育事业加快发展，建立健全教育扶贫制度体系，深入实施教育扶贫重大工程项目。开展扶贫领域腐败和作风问题专项治理，把作风建设贯穿脱贫攻坚全过程，集中力量解决扶贫领域“四个意识”不强、责任落实不到位、工作措施不精准、资金管理使用不规范、工作作风不扎实、考核评估不严不实等突出问题，确保取得明显成效。坚决扭转脱贫攻坚战中出现的工作重点转移、投入力度下降、干部精力分散的现象；坚决抵制形式主义、官僚主义；坚决杜绝“数字脱贫”“虚假脱贫”，确保脱贫攻坚经得起历史和人民的检验。实施脱贫攻坚战略，强化党的全面领导，这正是全心全意为人民服务根本宗旨的充分体现，必然使党群关系、干群关系更加密切，进一步巩固共产党的执政基础，进一步充分体现党的初心使命。

（二）决战决胜脱贫攻坚是对社会主义制度的诠释和宣介

消除贫困是社会主义的本质特征，打赢脱贫攻坚战是中国特色社会主义道路的重要体现。集中力量办大事，是社会主义制度区别于资本主义制度的一大特点，也是社会主义制度优越性的集中体现。我国扶贫工作、脱贫攻坚所取得的巨大成就，正是中国特色社会主义的制度优势的充分体现和有力证明。

习近平总书记指出，消除贫困、改善民生、逐步实现共同富裕，是社会主义的本质要求，是我们党的重要使命。如果贫困地区长期贫困，面貌长期得不到改

① 黄承伟. 中国扶贫理论研究论纲［EB/OL］. 国务院扶贫开发领导小组办公室网站，2020-04-03.

变，群众生活长期得不到明显提高，那就没有体现我国社会主义制度的优越性，那也不是社会主义。打赢脱贫攻坚战，是朝着共同富裕方向稳步前进必须坚决拔除的“钉子”和攻克的“堡垒”。

促进社会公平正义、增进人民福祉，是中国共产党治国理政的重要价值取向。党的十八大明确提出，要在全体人民共同奋斗、经济社会发展的基础上，加紧建设对保障社会公平正义具有重大作用的制度，逐步建立以权利公平、机会公平、规则公平为主要内容的社会公平保障体系，保证人民平等参与、平等发展权利。打赢脱贫攻坚战，就是要确保宣布全面建成小康社会时，贫困地区人民群众一个也不少，同样学有所教、劳有所得、病有所医、老有所养、住有所居。

人民群众是我们党的力量源泉，人民立场是我们党的根本政治立场。人民是历史的创造者，是决定党和国家前途命运的根本力量，必须坚持人民主体地位，坚持立党为公、执政为民、践行全心全意为人民服务的根本宗旨。打赢脱贫攻坚战，就是坚持人民主体地位，顺应人民群众对美好生活的向往，不断实现好、维护好、发展好最广大人民根本利益，做到发展为了人民、发展依靠人民、发展成果由人民共享，让贫困地区人民群众摆脱贫困，朝着全面建成小康社会快步前进。

（三）决战决胜脱贫攻坚是对世界减贫事业的担当和贡献

中国是世界上最大的发展中国家，一直是世界减贫事业的积极倡导者和有力推动者。改革开放以来，中国人民积极探索、顽强奋斗，走出了一条中国特色减贫道路。

新中国成立以来特别是改革开放以来，中国主动承担国际减贫责任，履行国际减贫承诺，参与和推动全球减贫合作，对世界减贫事业作出了重大贡献。世界银行数据显示，中国减贫对世界减贫的贡献率超过70%，成为世界上减贫人口最多的国家，也是世界上率先完成联合国千年发展目标的国家。中国有组织有计划大规模的扶贫开发，特别是党的十八大以来为全球减贫事业贡献的中国智慧、中国方案获得世界高度赞许，中国扶贫脱贫的实践和理论创新为全球减贫指明了方向，促进了人类命运共同体的构建。

“不以事艰而不为，不以任重而畏缩。”这是习近平总书记在2016年7月20日召开的东西部扶贫协作座谈会上提出的重要要求。贫困是动荡的根源，消除贫困，是全人类共同面临的世界性难题。共同发展，符合各国人民长远利益和根本利益。

中国在奋力消除自身贫困的同时，主动担当作为，在共建“一带一路”国际合作中，中国主动和许多发展中国家分享减贫经验。只要各国牢固树立人类命运共同体意识，坚持在追求本国利益时兼顾别国利益，在寻求自身发展时兼顾别国发展，携手努力、共同担当，同舟共济、共渡难关，就一定能够让世界更美好、让人民更幸福。①

思考题

1. 如何认识脱贫攻坚取得的历史性重大成就？

2. 精准扶贫精准脱贫方略的主要内容是什么？

3. 如何理解打赢脱贫攻坚战的伟大意义？

① 张少波. 决战决胜脱贫攻坚的重大意义［EB/OL］. 党建网，2020-03-30.

专题九

协同创新　构建粤港澳大湾区发展新格局

风起南海，潮涌珠江，粤港澳三地阔步迈进新时代，迎来了携手追梦的新征途，共同谱写新时代胜景。推进粤港澳大湾区建设，是以习近平总书记为核心的党中央作出的重大决策，是习近平总书记亲自谋划、亲自部署、亲自推动的国家战略，是新时代推动形成全面开放新格局的新举措，也是推动“一国两制”事业发展的新实践。推进建设粤港澳大湾区，有利于深化内地和港澳交流合作，对港澳参与国家发展战略、提升竞争力、保持长期繁荣稳定具有重要意义。全面推进内地与香港、澳门互利合作，支持香港、澳门融入国家发展大局，把粤港澳大湾区建设成为扎实推进高质量发展的示范，打造国际一流湾区和世界级城市群。

一、世界湾区经济发展概略

从地理学概念上看，湾区一般被认为是由一个海湾或相连的若干个海湾、港湾、邻近岛屿组成的区域。依托湾区衍生的经济效应被称为湾区经济，其主要是以海港为依托，以湾区自然地理条件为基础，城镇群与港湾地理聚变融合发展形成的、拥有国际影响力的、独特的区域一体化经济形态。

湾区经济一般具有创新性、开放性、协同性、外溢性等显著特征，具体表现为对外联系密切、要素流动便利、经济高度开放、集聚功能强大等。结合世界湾区经济的发展实践分析，形成成熟的湾区经济通常需具备以下条件：一是发达的港口城市，这是湾区经济形成的基本单元；二是优越的地理条件，这是湾区经济形成的基础条件；三是产业的集聚扩散，这是湾区经济形成的根本动力；四是强大的核心城市，这是湾区经济形成的重要牵引力；五是完善的创新体系，这是湾区经济持续发展的引擎；六是高效的交通体系，这是湾区经济形成的重要支撑；七是合理的分工协作，这是湾区经济形成的决定因素；八是宜人的居住环境，这是湾区经济形成的重要内容；九是完善的协调机制，这是湾区经济形成的可靠保障。

一个时期以来，湾区经济作为全球经济格局中备受瞩目的空间经济形态，在全球经济发展和产业重组的过程中发挥着越来越重要的引领作用。湾区本身也凭借其强大的综合优势，不仅引领着区域内的经济发展和技术变革，而且在很大程度上影响着区域和国家经济的竞争格局。特别是在当前新技术革命方兴未艾，全球贸易保护主义抬头的国际经济大形势背景之下，湾区经济未来发展正被赋予更加丰富的时代内涵。

当今，世界湾区经济主要以美国纽约湾区、旧金山湾区和日本东京湾区等国际著名湾区为典型代表。

（一）纽约湾区

纽约湾区是金融湾区，是承载世界金融的核心中枢。它由纽约州等 31 个州市组成，不仅囊括 2 900 多家世界金融、证券等机构，还有包括 60 家世界五百强企业总部和 58 所世界高校汇集于此，全美最大的 500 家公司，1/3 以上的总部设在纽约湾区。纽约湾区的金融业、奢侈品业和都市文化都具有世界性的影响力和辐射力，堪为“金融湾区”。

近年来，纽约湾区发展主要呈现出以下特征：一是经济均衡发展，高端服务称雄。作为全美经济乃至全球经济的神经中枢和心脏，纽约湾区发达的总部经济和种类齐全的高端专业服务部门，使其成为协调全国、影响世界的经济管理和服务中心。二是文旅冠绝全球，引领世界潮流。文旅活力、文旅影响力、文旅设施和吸引力都名列前茅，尤其是国际组织数量、外国游客数量等方面表现突出。国际会议数量、文化产业占比等多数指标数据都领先于旧金山湾区和东京湾区。三是创新实力突出，创新绩效不足。纽约湾区的创新影响力指标数据，特别全球金融中心指数、人才占比、科研机构和高校数量等数据表现突出，但是创新绩效指标和创新口碑指标则表现相对较差，特别是在发明专利数量等方面和东京湾区、旧金山湾区还有一定的差距。四是区域协同不够，湾区形象相对滞后。

据 2017 年统计，纽约湾区的 GDP 规模达 1.5 万亿美元，湾区内人口近 2 000 万，经济增速为 3.5%，GDP 规模位列世界湾区第一，因此纽约湾区也被称为世界“湾区之首”。

（二）旧金山湾区

旧金山湾区是科技湾区，是世界上最重要的高科技研发中心之一。旧金山湾区是美国西海岸加利福尼亚州北部的一个大都会区，陆地面积 18 040 平方公里，人口超过 760 万，共有 9 个县、101 个城镇。主要城市有旧金山半岛上的旧金山、东部的奥克兰和南部的圣荷西等。旧金山湾区拥有世界知名的硅谷以及以斯坦福大学、加州大学伯克利分校为代表的 20 多所著名科技研究型大学，同时也是谷歌、苹果、英特尔、脸书（Facebook）等科技巨头企业全球总部聚集地。

近年来，旧金山湾区的发展表现出以下一些主要特征：一是经济规模有限，经济绩效显著。经济质量发展非常高，经济绩效在世界湾区中位居第 1 位，经济发展口碑位列第 2 位。二是科教资源丰富，创新产业突出。旧金山湾区素有科技湾区的美称，特别是硅谷集聚了大量的高科技企业。三是文旅潜力巨大，口碑形象最佳。四是宜居宜业并行，环境首屈一指。旧金山湾区与民生相关的经济基础、宜居口碑指标等都是名列前茅，也是世界上屈指可数的经济繁荣与优美宜居的兼有之地。五是形象魅力非凡，形象话语均衡。

据 2017 年统计数据显示，旧金山湾区的 GDP 规模达到 8 000 亿美元，经济增速为 2.7%，在世界湾区排名中，其 GDP 规模与经济增速均处于末位。

（三）东京湾区

东京湾区是产业湾区，其由“一都三县”即东京都、神奈川县、千叶县和琦玉县所组成，包括东京、横滨、川崎、千叶、横须贺等几个大中城市。东京湾区是日本最大的工业区，占日本总面积的 3.5%，聚集了日本 1/3 人口、2/3 经济总量、3/4 工业产值。日本三菱、丰田、索尼等大企业近 50% 都聚集于此。东京湾区是日本制造业的核心区域，也是最大的工业城市群、国际金融中心、交通中心、商贸中心以及消费中心。

近年来，东京湾区的发展主要呈现出以下特征：一是规模优势非常明显，经济口碑相对较弱。二是政产学研协力，创新绩效比较突出。三是文旅充满活力，整体均衡相对欠佳。

据 2017 年统计数据显示，东京湾区的 GDP 规模达 1.3 万亿美元，经济增速为 3.6%，位居世界湾区第三位。

岭南文化与香港、澳门

岭南文化，源远流长。历史上，在汉族的形成和发展，在维护国家统一、民族团结等多方面，岭南文化都作出了不可磨灭的贡献，在中华民族文化的发展史上居于重要地位，起着重要作用。近代岭南文化更是近代中国的一种先进文化，对近代中国产生了巨大的影响。岭南文化以其独有的多元、务实、开放、兼容、创新等特点，采中原之精粹，纳四海之新风，在中华大文化之林独树一帜，对岭南地区乃至全国的经济、社会发展起着积极的推动作用。

岭南文化本来就包括香港地区在内，只是由于历史和政治的原因，我们的岭南文化概念已基本退据珠江流域、韩江流域。所以，广东与香港在文化上较容易达到融洽，形成同构。香港在 20 世纪六七十年代的崛起，使香港文化在重“实”的广东人心目中成为一种高位文化。与此同时，香港文化品格中的突出经济的特点、注重享受的特点等也深深影响着广东。

澳门自古以来就是中国的领土，与岭南文化也有着不可分割的关系，16 世纪中叶，葡萄牙人以租赁形式入据澳门，在西方政治与文化的影响下，澳门逐渐形成自己独特的文化风格与特点，即开放多元、中西合璧。即便如此，澳门文化仍然植根于中华，岭南文化的特色长期在澳门得到保留和发挥，并占据着主体地位。同时，由于澳门长期作为中西文化交流的重要桥梁，西方近代科学技术、宗教艺术、价值观念等，通过澳门传入广东，继而扩散到内地，使岭南文化“得风气之先”，又“开风气之先”，在近现代中国文化发展中占有重要地位。所以，16 世纪中叶以后的岭南文化与澳门文化是相互促进、双向互动的。澳门与岭南文化的关系问题是 16 世纪以来中西交通、人类文明进程的个案研究典型。澳门不仅是中国维新运动和民主革命的一个重要据点和策源地，而且是一批又一批有识之士认识世界、走向世界的窗口和桥梁，而文化精英们在澳门的活动，又大大提升了澳门的文化品格，催化澳门爱国进步文化的成长。澳门与岭南文化的双向互动关系再次得到体现。

二、粤港澳大湾区发展的擘画蓝图

粤港澳大湾区包括香港特别行政区、澳门特别行政区和广东省广州市、深圳市、珠海市、佛山市、惠州市、东莞市、中山市、江门市、肇庆市（以下称珠三角九市），总面积 5.6 万平方公里，2018 年末总人口达 7 000 万，是我国开放程度最高、经济活力最强的区域之一，在国家发展大局中具有重要战略地位。

（一）粤港澳三地合作发展历程

从 2 000 年前的百越文化，到如今广泛传播于世界各地的广府文化，肥沃的珠江三角洲孕育了内涵丰富的岭南文化，粤港澳同根同源，血脉相亲，文脉同振。自改革开放以来，三地人文交流通畅，经济合作紧密，形成“你中有我，我中有你”的城市社会发展态势。

1. 第一阶段（1978—2003 年）：以“前店后厂”为形式的制造业垂直分工

20 世纪 70 年代末，港澳制造业面临地租攀升、劳动力成本上升、竞争压力加剧等产业发展瓶颈问题，港澳制造业适时将生产环节转移到珠江三角洲地区，重点发展和经营交易环节，及时地调整了制造业产业结构。珠江三角洲地区凭借政策优势、地理区位优势以及劳动力、土地等低成本优势，大量承接港澳转出的制造业，粤港澳三地逐步形成在制造业领域的“前店后厂”式跨境生产与服务的产业分工体系。1984 年香港制造业占比为 24.3%，1989 年下降为 19.3%，1994 年继续下降为 9.2%，到 2000 年已减少至 5.9%。这种以优势互补为基础、以国际市场为导向、以参与国际产业分工体系为特征的区域经济合作不仅使珠江三角洲被称为“世界工厂”，而且也成功实现了香港的功能置换，使香港从劳动密集型制造业中心转变成为国际金融和商贸服务中心。

2. 第二阶段（2003—2016 年）：以服务贸易自由化为核心产业横向整合

2001 年我国加入世界贸易组织，我国内地市场进入了全面开放时期。珠江三角洲地区经过了 20 多年的快速发展，成功走向工业经济，同时也面临发展方式和增长模式的转变。2003 年签署的 CEPA 开创了内地与港澳在“一国两制”方针下，按照世界贸易组织规则开展制度性合作的新篇章。广东紧紧抓住 CEPA 和服务业开放先行先试契机，加快服务贸易自由化、重大合作平台、跨境基建项目等重点建设，粤港服务贸易年均增长 20%。2016 年，粤港服务贸易进出口额突破千亿美元。特别是 2008 年签署的 CEPA 补充协议，国家批准对港澳服务业开放的 13 个领域 25 项政策措施在广东先行先试，开启了率先探索服务贸易自由化的新尝试，再次为粤港澳深度合作和扩大开放注入了新动力。①

3. 第三阶段（2017 年至今）：以湾区经济为载体共同参与国际中高端竞争

2017 年粤港澳大湾区写入《政府工作报告》，标志着粤港澳进入了新的发展阶段。2019 年 2 月 18 日，中共中央、国务院印发了《粤港澳大湾区发展规划纲要》，完全开启粤港澳世界级湾区经济共建时代。强化广东作为全国改革开放先行区、经济发展重要引擎的作用，构建科技、产业创新中心和先进制造业、现代服务业基地；巩固和提升香港国际金融、航运、贸易三大中心地位，强化全球离岸人民币业务枢纽地位和国际资产管理中心功能，推动专业服务和创新及科技事业发展，建设亚太区国际法律及解决争议服务中心；推进澳门建设世界旅游休闲中心，打造中国与葡语国家商贸合作服务平台，建设以中华文化为主流、多元文化共存的交流合作基地，促进澳门经济适度多元可持续发展。努力将粤港澳大湾区建设成为更具活力的经济区、宜居宜业宜游的优质生活圈和内地与港澳深度合作的示范区，携手打造国际一流湾区和世界级城市群。

（二）粤港澳大湾区发展的时代定位与战略意义

当前，粤港澳大湾区发展也面临诸多挑战。世界经济不确定不稳定因素增多，大湾区经济运行仍存在产能过剩、供给与需求结构不平衡不匹配等突出矛盾和问题，经济增长内生动力有待增强。在“一国两制”下，市场互联互通水平有待进一步提升，生产要素高效便捷流动的良好局面尚未形成。大湾区内部发展差距依

---

① 粤港澳大湾区研究报告之一：创新合作方式　促进共同繁荣［EB/OL］. 粤港澳大湾区研究院网站，2017-06-29.

然较大，协同性、包容性有待加强，部分地区和领域还存在同质化竞争和资源错配现象。香港经济增长缺乏持续稳固支撑，澳门经济结构相对单一、发展资源有限，珠三角九市市场经济体制有待完善。区域发展空间面临瓶颈制约，资源能源约束趋紧，生态环境压力日益增大，人口红利逐步减退。

同时，全球治理体系和国际秩序变革加速推进，各国相互联系和依存日益加深，新一轮科技革命和产业变革蓄势待发，“一带一路”建设深入推进，为提升粤港澳大湾区国际竞争力、更高水平参与国际合作和竞争拓展了新空间。在新发展理念引领下，我国深入推进供给侧结构性改革，推动经济发展质量变革、效率变革、动力变革，为大湾区转型发展、创新发展注入了新活力。全面深化改革取得重大突破，国家治理体系和治理能力现代化水平明显提高，为创新大湾区合作发展体制机制、破解合作发展中的突出问题提供了新契机。

1. 粤港澳大湾区发展优势

一是区位优势明显。粤港澳大湾区地处我国沿海开放前沿，以泛珠三角区域为广阔发展腹地，在“一带一路”建设中具有重要地位。交通条件便利，拥有香港国际航运中心和吞吐量位居世界前列的广州、深圳等重要港口，以及香港、广州、深圳等具有国际影响力的航空枢纽，便捷高效的现代综合交通运输体系正在加速形成。

二是经济实力雄厚。经济发展水平全国领先，产业体系完备，集群优势明显，经济互补性强，香港、澳门服务业高度发达，珠三角九市已初步形成以战略性新兴产业为先导、先进制造业和现代服务业为主体的产业结构。

三是创新要素集聚。创新驱动发展战略深入实施，广东全面创新改革试验稳步推进，国家自主创新示范区加快建设。粤港澳三地科技研发、转化能力突出，拥有一批在全国乃至全球具有重要影响力的高校、科研院所、高新技术企业和国家大科学工程，创新要素吸引力强，具备建设国际科技创新中心的良好基础。

四是国际化水平领先。香港作为国际金融、航运、贸易中心和国际航空枢纽，拥有高度国际化、法治化的营商环境以及遍布全球的商业网络，是全球最自由经济体之一。澳门作为世界旅游休闲中心和中国与葡语国家商贸合作服务平台的作用不断强化，多元文化交流的功能日益彰显。珠三角九市是内地外向度最高的经济区域和对外开放的重要窗口，在全国加快构建开放型经济新体制中具有重要地位和作用。

五是合作基础良好。香港、澳门与珠三角九市文化同源、人缘相亲、民俗相近、优势互补。近年来，粤港澳合作不断深化，基础设施、投资贸易、金融服务、科技教育、休闲旅游、生态环保、社会服务等领域合作成效显著，已经形成了多层次、全方位的合作格局。

2. 粤港澳大湾区发展的战略定位

一是充满活力的世界级城市群。依托香港、澳门作为自由开放经济体和广东作为改革开放排头兵的优势，继续深化改革、扩大开放，在构建经济高质量发展的体制机制方面走在全国前列，发挥示范引领作用，加快制度创新和先行先试，建设现代化经济体系，更好融入全球市场体系，建成世界新兴产业、先进制造业和现代服务业基地，建设世界级城市群。

二是具有全球影响力的国际科技创新中心。瞄准世界科技和产业发展前沿，加强创新平台建设，大力发展新技术、新产业、新业态、新模式，加快形成以创新为主要动力和支撑的经济体系；扎实推进全面创新改革试验，充分发挥粤港澳科技研发与产业创新优势，破除影响创新要素自由流动的瓶颈和制约，进一步激发各类创新主体活力，建成全球科技创新高地和新兴产业重要策源地。

三是"一带一路"建设的重要支撑。更好地发挥港澳在国家对外开放中的功能和作用，提高珠三角九市开放型经济发展水平，促进国际国内两个市场、两种资源有效对接，在更高层次参与国际经济合作和竞争，建设具有重要影响力的国际交通物流枢纽和国际文化交往中心。

四是内地与港澳深度合作示范区。依托粤港澳良好合作基础，充分发挥深圳前海、广州南沙、珠海横琴等重大合作平台作用，探索协调协同发展新模式，深化珠三角九市与港澳全面务实合作，促进人员、物资、资金、信息便捷有序流动，为粤港澳发展提供新动能，为内地与港澳更紧密合作提供示范。

五是宜居宜业宜游的优质生活圈。坚持以人民为中心的发展思想，践行生态文明理念，充分利用现代信息技术，实现城市群智能管理，优先发展民生工程，提高大湾区民众生活便利水平，提升居民生活质量，为港澳居民在内地学习、就业、创业、生活提供更加便利的条件，加强多元文化交流融合，建设生态安全、环境优美、社会安定、文化繁荣的美丽湾区。

3. 粤港澳大湾区发展的战略意义

打造粤港澳大湾区，建设世界级城市群，具有重大的战略意义：

一是有利于丰富“一国两制”实践内涵，进一步密切内地与港澳交流合作，为港澳经济社会发展以及港澳同胞到内地发展提供更多机会，保持港澳长期繁荣稳定。

二是有利于贯彻落实新发展理念，深入推进供给侧结构性改革，加快培育发展新动能，实现创新驱动发展，为我国经济创新力和竞争力不断增强提供支撑。

三是有利于进一步深化改革、扩大开放，建立与国际接轨的开放型经济新体制，建设高水平参与国际经济合作新平台。

四是有利于推进“一带一路”建设，通过区域双向开放，构筑丝绸之路经济带和21世纪海上丝绸之路对接融汇的重要支撑区。

（三）粤港澳大湾区发展目标与任务

1. 粤港澳大湾区发展目标

到2022年，粤港澳大湾区综合实力显著增强，粤港澳合作更加深入广泛，区域内生发展动力进一步提升，发展活力充沛、创新能力突出、产业结构优化、要素流动顺畅、生态环境优美的国际一流湾区和世界级城市群框架基本形成。

一是区域发展更加协调，分工合理、功能互补、错位发展的城市群发展格局基本确立。

二是协同创新环境更加优化，创新要素加快集聚，新兴技术原创能力和科技成果转化能力显著提升。

三是供给侧结构性改革进一步深化，传统产业加快转型升级，新兴产业和制造业核心竞争力不断提升，数字经济迅速增长，金融等现代服务业加快发展。

四是交通、能源、信息、水利等基础设施支撑保障能力进一步增强，城市发展及运营能力进一步提升。

五是绿色智慧节能低碳的生产生活方式和城市建设运营模式初步确立，居民生活更加便利、更加幸福。

六是开放型经济新体制加快构建，粤港澳市场互联互通水平进一步提升，各类资源要素流动更加便捷高效，文化交流活动更加活跃。

到2035年，大湾区形成以创新为主要支撑的经济体系和发展模式，经济实力、科技实力大幅跃升，国际竞争力、影响力进一步增强；大湾区内市场高水平互联互通基本实现，各类资源要素高效便捷流动；区域发展协调性显著增强，对周边地区的引领带动能力进一步提升；人民生活更加富裕；社会文明程度达到新高度，文化软实力显著增强，中华文化影响更加广泛深入，多元文化进一步交流融合；资源节约集约利用水平显著提高，生态环境得到有效保护，宜居宜业宜游的国际一流湾区全面建成。

2. 粤港澳大湾区建设任务

要围绕打造高质量发展典范，坚持创新驱动、改革先行、开放引领，推进建设全球科技创新高地。要着力建设现代化经济体系，优化产业布局，注重发展实体经济、高新技术产业、现代服务业，大力发展新技术、新产业、新业态、新模式，加快形成以创新为主要动力和支撑的经济体系。充分发挥粤港澳科技和产业优势，加快集聚和对接国内外创新资源，建设“广州—深圳—香港—澳门”科技创新走廊，推进全面创新改革试验区和珠江三角洲国家自主创新示范区建设，构建开放型融合发展的区域协同创新共同体。找准制约粤港澳大湾区协同发展最关键的问题，大胆先行先试，着力破解在标准对接、资格互认等方面存在的体制机制障碍，以参与“一带一路”建设为重点，全方位扩大对外开放，打造国际化便利化投资贸易高地和制度创新高地，引领粤港澳大湾区城市群深度参与国际合作与竞争。

要坚持以人民为中心的发展思想，着力改善民生，打造宜居宜业宜游的优质生活圈。建设粤港澳大湾区归根到底是要落实到提升民生福祉上。要积极回应粤港澳三地民众关切，满足人民群众对美好生活的期待，优先发展民生工程，提升居民生活质量，为港澳居民在内地学习、就业、创业、生活提供更加便利的条件。特别是要把教育合作作为深化粤港澳合作的重点领域，推动优质教育资源合作共享。加快建设粤港澳人才合作示范区，为人才跨地区、跨行业、跨体制流动提供便利条件。完善区域公共就业服务体系，拓宽港澳居民就业创业空间。加强粤港澳社会保障和社会治理合作，持续改善湾区生态环境质量，建设美丽湾区。

要把共建人文湾区作为纵深推进大湾区建设的重要抓手，促进大湾区在推动中华优秀传统文化创造性转化、创新性发展上发挥引领作用。要坚定文化自信，发挥粤港澳地域相近、文脉相亲的优势，联合开展重大文化遗产保护工程，合作举办文化遗产展览、展演等活动，共同擦亮中华文化的精神标识，增强大湾区文化软实力。发挥大湾区中西文化长期共存等综合性优势，加强多元文化交流融合，打造国际文化交往中心和文化创意人才汇集热土，推动中华文化“走出去”。加强粤港澳三地城市文明建设，凝聚起建设大湾区的强大力量。

三、广东省粤港澳大湾区建设扬帆起航

为深入学习贯彻习近平总书记关于粤港澳大湾区建设重要论述和对广东重要讲话的指示批示精神，认真落实《粤港澳大湾区发展规划纲要》的战略部署，切实担当好粤港澳大湾区建设重要责任主体的职责，携手港澳有力有序推进大湾区建设，2019 年 7 月 5 日，广东省委、省政府印发《中共广东省委　广东省人民政府关于贯彻落实〈粤港澳大湾区发展规划纲要〉的实施意见》（以下简称《实施意见》），同时广东省推进粤港澳大湾区建设领导小组印发《广东省推进粤港澳大湾区建设三年行动计划（2018—2020 年）》（以下简称《三年行动计划》），形成了广东省推进大湾区建设的施工图和任务书。

（一）《实施意见》的主要规划内容

《实施意见》主要着眼长远发展，对标大湾区到 2035 年的建设目标，对未来十多年广东要重点推进落实的大事要事进行谋划，突出战略性和协调性。

1. 重大意义

粤港澳大湾区建设是习近平总书记亲自谋划、亲自部署、亲自推动的重大国家战略，是新时代推动形成我国全面开放新格局的新举措，是推动“一国两制”事业发展的新实践，对广东深化改革、扩大开放具有重要的里程碑意义。推进粤港澳大湾区建设，有利于广东深化与港澳互利合作，促进港澳保持长期繁荣稳定、更好融入国家发展大局，充分彰显“一国两制”强大生命力；有利于广东贯彻落实新发展理念，深入推进供给侧结构性改革，推动经济发展质量变革、效率变革、动力变革，打造高质量发展的典范；有利于推动广东改革开放在新时代、新起点上再出发，全面对接国际高标准市场规则体系，加快构建开放型经济新体制，高水平参与国际经济合作和竞争；有利于广东深度参与“一带一路”建设，携手港澳构建陆海内外联动、东西双向互济的全面开放新格局，构筑“一带一路”对接融汇的重要支撑区。

2. 实施原则

一是坚持严格遵循中央顶层设计。把坚决维护习近平总书记党中央的核心、全党的核心地位，坚决维护党中央权威和集中统一领导贯彻到粤港澳大湾区建设全过程各方面，坚持在中央顶层设计下想问题、作决策、抓落实，严守政治纪律和港澳工作纪律，时时事事处处对表对标中央要求。

二是坚持“一国两制”。在坚守“一国”之本的前提下用好“两制”之利，积极寻求最大公约数，把制度差异转化为制度优势、发展动能。严格依照宪法和基本法办事，注重运用法治化、市场化方式推进与港澳合作。

三是坚持新发展理念。牢固树立和全面贯彻创新、协调、绿色、开放、共享的发展理念，用好我国发展的重要战略机遇期，坚定不移走高质量发展之路，大力提升经济创新力和竞争力，强化辐射带动作用，不断增强发展的整体性，推动大湾区建设成为展示新发展理念的重要窗口。

四是坚持改革创新。在遵循中央顶层设计前提下大胆探索、先行先试，对标国际国内最高最好最优，认真学习借鉴国际一流湾区和世界级城市群建设经验，以规则相互衔接为重点，着力破除制约大湾区建设的体制机制障碍，促进各类要素在大湾区便捷流动和优化配置。

五是坚持互利共赢。全面深化与港澳互利合作，主动携手港澳做好谋划落实工作，大力促进三地经济发展、民生改善。充分发挥三地综合优势，强强联手，构建具有国际竞争力的现代产业体系，打造引领高质量发展的重要动力源。

3. 发展目标

第一步，到2020年，粤港澳大湾区建设打下坚实基础。构建起协调联动、运作高效的大湾区建设工作机制，搭建起广东省贯彻实施《粤港澳大湾区发展规划纲要》、推进大湾区建设的“四梁八柱”，在国际科技创新中心建设、基础设施互联互通、现代产业体系构建、生态文明建设、优质生活圈建设、全面开放新格局构建、合作发展平台建设等方面取得重要进展，在促进人员、物资、资金、信息便捷有序流动方面取得重大突破，高质量全面建成小康社会。

第二步，到2022年，粤港澳大湾区基本形成发展活力充沛、创新能力突出、产业结构优化、要素流动顺畅、生态环境优美的国际一流湾区和世界级城市群框架。分工合理、功能互补、错位发展的城市群发展格局基本确立；协同创新环境更加优化，创新要素加快集聚，新兴技术原创能力和科技成果转化能力显著提升；

供给侧结构性改革进一步深化；交通、能源、信息、水利等基础设施支撑保障能力进一步增强；绿色智慧节能低碳的生产生活方式和城市建设运营模式初步确立；粤港澳市场互联互通水平进一步提升，各类资源要素流动更加便捷高效，开放型经济新体制加快构建；经济高质量发展的体制机制、现代化经济体系基本建立，综合实力显著增强。

第三步，到2035年，粤港澳大湾区全面建成宜居宜业宜游的国际一流湾区。区域发展协调性显著增强，对周边地区的引领带动能力进一步提升；全面建成内联外通、综合立体、开放融合的综合交通网络；资源节约集约利用水平显著提高，生态环境质量实现根本性改善；人民生活更加富裕，社会文明程度达到新高度，文化软实力显著增强，多元文化交流融合；与港澳市场高水平互联互通基本实现，各类资源要素高效便捷流动；形成以创新为主要支撑的经济体系和发展模式，经济实力、科技实力大幅跃升，国际竞争力、影响力进一步增强，为我国基本实现社会主义现代化提供坚强支撑。

4. 重点工作任务

一是优化提升空间发展格局。优化区域功能和空间布局，构建极点带动、轴带支撑的网络化空间格局，推动大中小城市合理分工、功能互补，以提高珠江西岸发展水平为重点，进一步提高区域发展协调性，辐射带动周边地区加快发展。

二是强化粤港澳大湾区辐射带动作用。以粤港澳大湾区为引领，统筹大湾区与粤东粤西粤北地区生产力布局，带动珠江—西江经济带创新绿色发展，推动大湾区与周边区域协调、协同、共同发展。

三是建设国际科技创新中心。深入实施创新驱动发展战略，大力加强创新基础能力建设，全力组织实施关键核心技术攻关，加快提升自主创新和科技成果转化能力，不断优化区域创新环境，打造全球科技创新高地和新兴产业重要策源地。

四是构建现代化基础设施体系。以交通、信息、能源、水利基础设施为重点，携手港澳推进大湾区基础设施“硬联通”和机制“软联通”，形成内联外通、高效衔接的基础设施网络，建设一体化、便捷化、智能化的现代基础设施体系。

五是协同构建具有国际竞争力的现代产业体系。坚持以供给侧结构性改革为主线，建设世界级先进制造业集群，推动传统产业改造升级，培育壮大战略性新兴产业，做优做强高端现代服务业，实现粤港澳产业优势互补、紧密协作、联动发展，加快构建以创新为战略支撑、先进制造业为主体，现代金融、人力资源相配套的现代产业体系。

六是推进生态文明建设。牢固树立和践行“绿水青山就是金山银山”的理念，把生态保护放在优先位置，实行最严格的生态环境保护制度，携手港澳加强污染联防联治，推动形成绿色发展方式和生活方式，实现粤港澳大湾区天更蓝、山更绿、水更清、环境更优美。

七是建设宜居宜业宜游的优质生活圈。坚持以人民为中心的发展思想，始终把人民对美好生活的向往作为奋斗目标，拓展与港澳在教育、文化、旅游、创业、医疗、社会保障等领域合作，积极引进港澳优质公共服务，完善便利港澳同胞在大湾区内地发展的配套政策，构建与国际接轨的公共服务体系，共同打造宜居宜业宜游的优质生活圈。

八是加快形成全面开放新格局。充分发挥港澳在对外开放中的功能和作用，进一步优化珠三角九市投资和营商环境，提升大湾区市场一体化水平，实现粤港澳开放资源融合、开放优势互补、开放举措联动，引领形成陆海内外联动、东西双向互济的开放格局，打造“一带一路”建设重要支撑区。

九是共建粤港澳合作发展平台。加快推进深圳前海、广州南沙、珠海横琴等重大平台开发建设，发展一批特色合作平台，充分发挥其在进一步深化改革、扩大开放、促进合作中的试验示范作用，引领带动粤港澳全面合作。

（二）《三年行动计划》主要实施内容

为深入学习贯彻习近平总书记关于粤港澳大湾区建设重要论述，深入推进《粤港澳大湾区发展规划纲要》和《实施意见》贯彻实施，进一步明确广东省2018—2020年粤港澳大湾区建设重点任务和责任分工，制订了《三年行动计划》。《三年行动计划》包括9个方面100条重点举措，主要是着眼中期安排，对近中期可以加快实施的重点工作进行分工部署，进一步量化阶段性目标，并列出了牵头单位和主要参加单位。

1. 优化提升空间发展格局

主要包括以香港、澳门、广州、深圳四大中心城市作为区域发展的核心引擎引领大湾区建设，发挥香港—深圳、广州—佛山、澳门—珠海强强联合的带动作用等内容。

2. 建设国际科技创新中心

主要包括加快创建综合性国家科学中心；争取国家在大湾区布局国家实验室；推进广深港澳科技创新走廊建设；向港澳有序开放科研设施和仪器的相关措施等内容。

3. 构建现代化基础设施体系

主要包括配合国家编制实施粤港澳大湾区基础设施互联互通专项规划、城际（铁路）建设规划，研究谋划广中珠澳高铁项目等内容。

4. 协同构建具有国际竞争力的现代产业体系

主要包括配合国家编制实施粤港澳大湾区构建现代产业体系专项规划；携手港澳建设国际金融枢纽等内容。

5. 推进生态文明建设

主要包括配合国家编制实施粤港澳大湾区生态环境保护专项规划；到 2020 年基本消除大湾区内地地级以上城市建成区黑臭水体等内容。

6. 建设宜居宜业宜游的优质生活圈

主要包括推进香港科技大学等港澳高校到大湾区内地合作办学；配合国家制定境外（含港澳台）人才个人所得税税负差额补贴政策措施；编制并实施加强港澳青年创新创业基地建设实施方案等内容。

7. 加快形成全面开放新格局

主要包括推进营商环境法治化建设；推动扩大专业资格资质互认范围等内容。

8. 共建粤港澳合作发展平台

主要包括支持深圳前海、广州南沙、珠海横琴等重大合作平台建设；支持深港科技创新合作区建设等内容。

建设粤港澳大湾区，要深入贯彻习近平新时代中国特色社会主义思想和党的十九大精神，从实现中华民族伟大复兴的战略高度深刻认识大湾区建设的重大意义，全面准确贯彻“一国两制”方针，坚持新发展理念，充分发挥粤港澳综合优势，建设富有活力和国际竞争力的一流湾区和世界级城市群，打造高质量发展的典范。“一国两制”是保持香港、澳门长期繁荣稳定的最佳制度。推进大湾区建设，必须在“一国两制”框架内严格依照宪法和基本法办事，坚守“一国”之本，善用“两制”之利。要进一步建立互利共赢的区域合作关系，支持香港、澳门融入国家发展大局，为港澳发展注入新动能、拓展新空间。

港珠澳大桥

港珠澳大桥是“一国两制”框架下，粤港澳三地首次合作共建的超大型跨海通道，全长55公里，设计使用寿命120年，总投资约1 200亿元人民币。大桥于2003年8月启动前期工作，2009年12月开工建设，筹备和建设前后历时达15年，于2018年10月开通营运。

大桥主体工程由粤、港、澳三方政府共同组建的港珠澳大桥管理局负责建设、运营、管理和维护，三地口岸及连接线由各自政府分别建设和运营。主体工程实行桥、岛、隧组合，总长约29.6公里，穿越伶仃航道和铜鼓西航道段约6.7公里为隧道，东、西两端各设置一个海中人工岛（蓝海豚岛和白海豚岛），犹如“伶仃双贝”熠熠生辉；其余路段约22.9公里为桥梁，分别设有寓意三地同心的“中国结”青州桥、人与自然和谐相处的“海豚塔”江海桥，以及扬帆起航的“风帆塔”九洲桥三座通航斜拉桥。

珠澳口岸人工岛总面积208.87公顷，分为三个区域，分别为珠海公路口岸管理区107.33公顷、澳门口岸管理区71.61公顷、大桥管理区29.93公顷，口岸由各自独立管辖。13.4公里的珠海连接线衔接珠海公路口岸与西部沿海高速公路月环至南屏支线延长线，将大桥纳入国家高速公路网络；澳门连接线从澳门口岸以桥梁方式接入澳门填海新区。

思考题

1. 谈谈你对世界湾区经济的认识。

2. 如何理解粤港澳大湾区建设的战略意义？

3. 结合个人实际，谈谈粤港澳大湾区建设中的机遇与挑战。

主要参考文献

一、专著类

[1] 中共中央宣传部. 习近平新时代中国特色社会主义思想三十讲 [M]. 北京：学习出版社，2018.

[2] 全国干部培训教材编审指导委员会. 新时代　新思想　新征程 [M]. 北京：人民出版社，党建读物出版社，2019.

[3] 颜晓峰. 国家治理现代化十八讲 [M]. 北京：人民日报出版社，2019.

[4] 习近平. 习近平谈治国理政：第一卷 [M]. 北京：外文出版社，2018.

[5] 习近平. 习近平谈治国理政：第二卷 [M]. 北京：外文出版社，2017.

[6] 习近平总书记系列重要讲话读本 [M]. 北京：学习出版社，人民出版社，2016.

[7] 全国干部培训教材编审指导委员会. 全面加强党的领导和党的建设 [M]. 北京：人民出版社，党建读物出版社，2019.

[8] 全国干部培训教材编审指导委员会. 建设现代化经济体系 [M]. 北京：人民出版社，党建读物出版社，2019.

[9] 全国干部培训教材编审指导委员会. 坚持“一国两制”，推进祖国统一 [M]. 北京：人民出版社，党建读物出版社，2019.

[10] 全国干部培训教材编审指导委员会. 全面推进中国特色大国外交 [M]. 北京：人民出版社，党建读物出版社，2019.

[11] 全国干部培训教材编审指导委员会. 决胜全面建成小康社会 [M]. 北京：人民出版社，党建读物出版社，2019.

二、网站类

[1] 教育部习近平新时代中国特色社会主义思想研究中心. 坚持和完善中国特色社会主义制度的重大意义［EB/OL］. 人民网，2020-02-05.

[2] 沧桑巨变七十载　民族复兴铸辉煌——新中国成立70周年经济社会发展成就系列报告之一［EB/OL］. 国家统计局网站，2019-07-01.

[3] 光明日报“学习习近平总书记在主题教育总结大会上的重要讲话”系列评论［EB/OL］. 共产党员网，2020-01-13.

[4] 2019年世界经济运行面临主要风险：贸易保护主义阴影难消［EB/OL］. 中国经济网，2019-03-02.

[5] 绘就高质量共建“一带一路”的“工笔画”——论习近平主席在第二届“一带一路”国际合作高峰论坛开幕式主旨演讲［EB/OL］. 新华网，2019-04-26.

[6] 华颖. 健康中国建设：战略意义、当前形势与推进关键［EB/OL］. 中国共产党新闻网，2018-01-16.

[7] 李斌. 实施健康中国战略［EB/OL］. 人民网，2018-01-12.

[8] 黄承伟. 中国扶贫理论研究论纲［EB/OL］. 国务院扶贫开发领导小组办公室网站，2020-04-03.

[9] 粤港澳大湾区研究报告之一：创新合作方式　促进共同繁荣［EB/OL］. 粤港澳大湾区研究院网站，2017-06-29.

[10] 习近平在庆祝香港回归祖国20周年大会暨香港特别行政区第五届政府就职典礼上的讲话［EB/OL］. 新华网，2017-07-01.

[11] 坚定推进祖国和平统一进程［EB/OL］. 凤凰网，2019-12-19.

[12] 让濠江莲花绽放更绚丽色彩——写在澳门回归祖国20周年之际［EB/OL］. 人民网，2019-12-17.

[13] 新时代“一国两制”事业，习近平这样擘画蓝图［EB/OL］. 央视网，2019-12-16.

[14] 习近平在澳门特别行政区政府欢迎晚宴上的致辞［EB/OL］. 新华网，2019-12-19.

[15] 陈广汉. “一带一路”建设中香港和澳门的独特优势［EB/OL］. 人民论坛网，2019-04-28.

[16] 乐玉成. 为全球治理体系改革和建设不断贡献中国智慧和力量［EB/OL］. 中国共产党新闻网，2017-11-22.

[17] 金鑫，林永亮. 共同推动世界多极化深入发展［EB/OL］. 中国共产党新闻网，2019-02-15.

[18] 打赢脱贫攻坚这场硬仗，收官之年习近平总书记再部署再动员［EB/OL］. 中国共产党新闻网，2019-03-07.

[19] 郝保权，刘凯强. 坚决打赢脱贫攻坚战［EB/OL］. 光明网，2019-12-27.

[20] 中共国务院扶贫办党组. 脱贫攻坚砥砺奋进的五年［EB/OL］. 中国共产党新闻网，2017-10-17.

[21] 中共中央关于加强党的政治建设的意见［EB/OL］. 中国政府网，2019-02-27.

[22] 为实现民族伟大复兴　推进祖国和平统一而共同奋斗——在《告台湾同胞书》发表40周年纪念会上的讲话［EB/OL］. 新华网，2019-01-02.

[23] 闻言. 坚决打赢脱贫攻坚战，谱写人类反贫困历史新篇章［EB/OL］. 人民网，2018-08-21.

附录

时政热点（2020 年 9 月—2021 年 7 月）

2020 年

9 月

1. 2020 年 9 月 3 日，国家主席习近平同俄罗斯总统普京互致贺电，庆祝世界反法西斯战争胜利 75 周年。

2. 2020 年 9 月 5 日，中国工业和信息化部都长肖亚庆在北京表示，当前中国 5G 用户已超过 6 000 万，今年将推动 5G 大规模商用。

3. 2020 年 9 月 8 日，国家航天局表示，为褒扬中国探月工程总设计师吴伟仁院士在月球与深空探测领城的突出贡献，国际天文学联合会（IAU）小行星命名委员会批准将编号为 281880 号的小行星正式命名为“吴伟仁星”。

4. 2020 年 9 月 8 日电，近日 CRH380Aj 型高速综合检测车首次试跑连淮扬镇铁路扬州段，这是目前世界上运行速度最高的检测列车，极限时速可以达 400 公里。

5. 2020 年 9 月 16 日，习近平总书记赴湖南考察调研，他来到郴州市汝城县文明瑶族乡沙洲瑶族村“半条被子的温暖”专题陈列馆、村服务中心和卫生室、沙洲现代农旅示范基地、文明瑶族乡第一片小学，以及村民家中，了解当地开展红色教育、发展扶贫产业、巩固脱贫成果等情况。

6. 2020 年 9 月 19 日，中国延安精神研究会第六次会员大会在京召开，国家主席习近平发来贺信，向大会的召开和研究会成立 30 周年表示热烈祝贺。

7. 2020 年 9 月 20 日，第十二届海峡论坛在厦门举行，全国政协主席汪洋在大会上发表视频致辞，强调坚持在“九二共识”基础上推进两岸关系和平发展，着眼点和落脚点就是增进同胞的亲情和福祉，让两岸同胞过上更加美好的生活。

10 月

1. 2020 年 10 月 1 日出版的第 19 期《求是》杂志重新发表国家主席习近平在出席庆祝中华人民共和国成立 70 周年系列活动时的 3 篇重要讲话：2019 年 10 月 1 日《在庆祝中华人民共和国成立 70 周年大会上的讲话》、2019 年 9 月 30 日《在庆祝中华人民共和国成立 70 周年招待会上的讲话》、2019 年 9 月 29 日《在国家勋章和国家荣誉称号颁授仪式上的讲话》。

2. 2020 年 10 月 14 日，袁隆平海水稻”团队和江苏省农业技术推广总站合作试验种植的“超优千号”耐盐水程的平均亩产量达到 8 029 公斤，这个产量创下盐碱地水稻高产新纪录。

3. 2020 年 10 月 25 日电，近日，工信部表示，我国已连续 10 年保持世界第一制造大国地位，而且我国是全世界唯一拥有全部工业类别的国家。

4. 2020 年 10 月 29 日，中共十九届五中全会在京举行，全会提出到二〇三五年基本实现社会主义现代化远景目标：基本实现新型工业化、信息化、城镇化、农业现代化，建成现代化经济体系；基本实现国家治理体系和治理能力现代化，人民平等参与、平等发展权利得到充分保障，基本建成法治国家、法治政府、法治社会等全会提出“十四五”时期经济社会发展主要目标：经济发展取得新成效，在质量效益明显提升的基础上实现经济持续健康发展，增长潜力充分发挥，国内市场更加强大，经济结构更加优化，创新能力显著提升，产业基础高级化、产业链现代化水平明显提高，农业基础更加稳固，城乡区域发展协调性明显增强，现代化经济体系建设取得重大进展等。会议提出，坚持创新在我国现代化建设全局中的核心地位，把科技自立自强作为国家发展的战略支撑；坚持把发展经济着力点放在实体经济上，坚定不移建设制造强国、质量强国、网络强国、数字中国。

5. 2020 年 10 月 27 日电，欧盟统计局日前发布数据显示，今年前 7 个月，欧盟 27 个成员国与中国进出口总额为 3 287 亿欧元，同比增长约 2.6%。中国首次成为欧盟第一大贸易伙伴。

11 月

1. 2020 年 11 月 1 日，第七次全国人口普查正式开启现场登记。

2. 2020 年 11 月 2 日电，国家主席习近平近日对新时代推进农村土地制度改革、做好农村承包地管理工作作出重要指示，强调新时代推进农村土地制度改革，要坚持把依法维护农民权益作为出发点和落脚点，坚持农村土地农民集体所有制不动摇，坚持家庭承包经营基础性地位不动摇。要运用农村承包地确权登记颁证成果，扎实推进第二轮土地承包到期后再延长 30 年工作，保持农村土地承包关系稳定并长久不变。

3. 2020 年 11 月 3 日，《中共中央关于制定国民经济和社会发展第十四个五年规划和二〇三五年远景目标的建议》发布。提出坚持创新在我国现代化建设全局中的核心地位把科技自立自强作为国家发展的战略支撑坚持把发展经济着力点放在实体经济上，坚定不移建设制造强国质量强国。

4. 2020 年 11 月 4 日，第三届中国国际进口博览会开幕式在上海举行，国家主席习近平以视频方式发表主旨演讲，强调中国将秉持开放、合作、团结、共赢的信念，坚定不移全面扩大开放，让中国市场成为世界的市场、共享的市场、大家的市场，推动世界经济复苏，为国际社会注入更多正能量。

5. 2020 年 11 月 9 日电，习近平同志《论党的宣传思想工作》一书近日发行，对于广大干部群众深入学习贯彻习近平新时代中国特色社会主义思想，推动宣传思想工作更好承担起举旗帜聚民心、育新人、兴文化、展形象的使命任务建设社会主义文化强国实现“两个一百年”奋斗目标和中华民族伟大复兴的中国梦具有十分重要的意义。

6. 2020 年 11 月 24 日 4 时 30 分，我国在文昌航天发射场用长征五号遥五运载火箭成功发射探月工程“嫦娥五号”探测器，火箭飞行约 2 200 秒后，顺利将探测器送入预定轨道开启我国首次地外天体采样返回之旅。

12 月

1. 2020 年 12 月 1 日《求是》杂志发表习近平总书记重要文章《建设中国特色中国风格中国气派的考古学，更好认识源远流长博大精深的中华文明》。

2. 圆明园马首铜像 2020 年 12 月 1 日回归故园。

3. 国家航天局消息，2020 年 12 月 1 日晚，嫦娥五号探测器成功着陆在月球正面预选着陆区，成为我国第三个成功实施月面软着陆的探测器。

4. 2020 年 12 月 4 日，嫦娥五号着上组合体实现月面五星红旗展开，这是中国在月球表面首次实现五星红旗的“独立展示”。

5. 2020 年 12 月 8 日习近平同尼泊尔总统班达里互致信函，共同宣布珠穆朗玛峰最新雪面高程为 8 848.86 米。

2021 年

1 月

1. 2021 年 1 月 1 日，《求是》杂志发表国家主席 2017 年 1 月 18 日在联合国日内瓦总部的演讲《共同构建人类命运共同体》。文章指出，构建人类命运共同体，关键在行动。

2. 2021 年 1 月 2 日，中国石油集团表示，2020 年中国石油国内油气产量当量首次突破 2 亿吨，天然气产量当量首次突破 1 亿吨。

3. 2021 年 1 月 3 日，国家林草局表示，“十三五”期间，我国新增湿地面积 300 多万亩，湿地保护率达到 50% 以上。

4. 2021 年 1 月 7 日，我国拥有自主知识产权的人工影响天气无人机“甘霖 -1”日前在甘肃省金昌金川机场首飞成功，这是目前中国第一架大型人工影响天气无人机，其技术在世界人工影响天气领域处于领先地位。

5. 2021 年 1 月 9 日，大连海事大学发布消息称，由该校新能源船舶动力技术研究院牵头建造的中国第一艘燃料电池游艇“蠡湖”号近日通过试航，标志着我国燃料电池在船舶动力上的实船应用迈出关链一步。

6. 2021 年 1 月 10 日是第一个中国人民警察节。

7. 2021 年 1 月 13 日，我国自主研发设计、自主制造的世界首台高温超导高速磁浮工程化样车在成都下线，设计时速 620 千米 / 小时。

8. 2021 年 1 月 14 日，全国首创的“碳中和垃圾分类站”在成都落地使用。该地紧扣促进生活垃圾减量化、资源化、无害化原则，以“一键扫码碳中和”这一方式，为广泛形成绿色低碳的生产生活方式提供了最优路径。

9. 2021 年 1 月 16 日，《求是》杂志发表国家主席的重要文章《正确认识和把握中长期经济社会发展重大问题》。指出要以辩证思维看待新发展阶段的新机遇新挑战。

10. 2021 年 1 月 18 日公布，2020 年我国国内生产总值（GDP）首次突破 100 万亿元，达

1 015 986 亿元，按可比价格计算，比上年增长 2.3%。

11. 2021 年 1 月 20 日 0 时 25 分，我国在西昌卫星发射中心用长征三号乙运载火箭，成功将天通一号 03 星发射升空。

12. 2021 年 1 月 22 日至 24 日，中国共产党第十九届中央纪律检查委员会第五次全体会议在北京举行。全会要求，各级纪检监察机关要坚定维护党中央权威和集中统一领导，更加突出政治监督，更加突出高质量发展主题，更加突出整治群众身边腐败和作风问题，更加突出发挥监督治理效能，更加突出严管厚爱结合、激励约束并重，使正风肃纪反腐更好适应现代化建设需要，使监督体系更好融入国家治理体系，释放更大治理效能，在开启全面建设社会主义现代化国家新征程中发挥重要作用。

13. 2021 年 1 月 26 日，《中国—新西兰自贸协定升级议定书》正式签署。这意味着双方对彼此开放领域更大、水平更高，将给两国企业和人民带来更多开放红利。

14. 2021 年 1 月 28 日，习近平总书记主持召开中共中央政治局会议。会议强调，推进基层治理体系和治理能力现代化建设，是全面建设社会主义现代化国家的一项重要工作

15. 2021 年 1 月 29 日 12 时 47 分，我国在酒泉卫星发射中心用长征四号丙运载火箭，成功将遥感三十一号 02 组卫星发射升空，卫星进入预定轨道。

2 月

1. 2021 年 2 月 4 日，在北京 2022 年冬奥会开幕倒计时一周年之际，北京冬奥会、冬残奥会火炬——“飞扬”正式问世。

2. 2021 年 2 月 3 日至 5 日，习近平总书记来到贵州考察调研，强调优良生态环境是贵州最大的发展优势和竞争优势；要结合即将开展的党史学习教育，从长征精神和遵义会议精神中深刻感悟共产党人的初心和使命，落实新时代党的建设总要求，实事求是、坚持真理，科学应变、主动求变，咬定目标、勇往直前，走好新时代的长征路。

3. 2021 年 2 月 6 日，由我国自主研发建造的全球首座 10 万吨级深水半潜式生产储油平台——“深海一号”能源站顺利抵达海南岛东南陵水海域，落位“深海一号”大气田（陵水 17-2），开启海上系泊、安装和生产调试工作，标志着我国首个 1 500 米自营深水大气田又向正式投产迈出关键一步。

4. 2021 年 2 月 9 日，习近平总书记在北京以视频方式主持中国—中东欧国家领导人峰会，并发表题为《凝心聚力，继往开来携手共谱合作新篇章》的主旨讲话。强调中国—中东欧国家合作坚持共商共建、务实均衡、开放包容、创新进取，是多边主义的生动实践，是中欧关系的重要组成部分。

5. 2021 年 2 月 10 日 19 时 52 分，中国首次火星探测任务“天问一号”探测器实施近火捕获制动，成为我国第一颗人造火星卫星，实现“绕、着、巡”第一步“绕”的目标，环绕火星获得成功。

6. 2021 年 2 月 16 日，《求是》杂志发表习近平总书记的重要文章《在河北省阜平县考察扶贫开发工作时的讲话》。文章强调，消除贫困、改善民生、实现共同富裕，是社会主义的本质要求。

7. 2021 年 2 月 18 日电，经党中央、中央军委批准，新修订的《军队政治工作条例》日前颁布施行。

8. 2021 年 2 月 20 日，党史学习教育动员大会在北京召开。习近平总书记出席会议并发表

重要讲话。他强调，在全党开展党史学习教育，是党中央立足党的百年历史新起点、统筹中华民族伟大复兴战略全局和世界百年未有之大变局，为动员全党全国满怀信心投身全面建设社会主义现代化国家而作出的重大决策。

9. 2021 年 2 月 23 日电，《长江保护法》3 月 1 日实施，这是我国首部有关流域保护的专门法律，在法律层面有效增强长江保护的系统性、整体性、协同性，长江保护法的实施是依法推动长江流域走出一条生态优先、绿色发展之路。

10. 2021 年 2 月 25 日，全国脱贫攻坚总结表彰大会在北京人民大会堂隆重举行。习近平总书记向全国脱贫攻坚楷模荣誉称号获得者等颁奖并发表重要讲话。

11. 2021 年 2 月 25 日，党中央、国务院决定，授予毛相林、白晶莹、刘虎、李玉、张小娟、张桂梅、赵亚夫、姜仕坤、夏森、黄文秀 10 名同志，河北省塞罕坝机械林场、安徽省金寨县花石乡大湾村、中共福建省寿宁县下党乡委员会、江西省瑞金市叶坪乡、湖南省花垣县双龙镇十八洞村、四川省凉山彝族自治州昭觉县三岔河镇三河村、国网西藏电力有限公司农电工作部、陕西省绥德县张家砭镇郝家桥村、青海省海东市互助土族自治县五十镇班彦村、宁夏回族自治区永宁县闽宁镇 10 个集体“全国脱贫攻坚楷模”荣誉称号。

12. 2021 年 2 月 26 日，中共中央政治局召开会议。会议强调，“十四五”时期，协调推进全面建设社会主义现代化国家、全面深化改革、全面依法治国、全面从严治党的战略布局：做好今年政府工作，坚持扩大内需战略，强化科技战略支撑，扩大高水平对外开放，保持社会和谐稳定，确保“十四五”开好局起好步，以优异成绩庆祝中国共产党成立 100 周年；要严格落实意识形态工作责任制，配齐建强高校党务工作和思想政治工作队伍，做好高校思想政治工作，推动党的创新理论进教材进课堂进头脑，深入培育和践行社会主义核心价值观。

3 月

1. 中国人民政治协商会议第十三届全国委员会第四次会议 2021 年 3 月 4 日下午在人民大会堂开幕。2 100 多名全国政协委员将紧紧围绕中共中央决策部署，聚焦”十四五”规划纲要制定和实施，扎实履职尽责、积极建言资政、广泛凝聚共识，汇聚起夺取全面建设社会主义现代化国家新胜利的智慧和力量。

2. 2021 年 3 月 5 日，十三届全国人大四次会议在京开幕，国务院总理作政府工作报告，指出 2021 年发展主要预期目标是：国内生产总值增长 6% 以上；城镇新增就业 1 100 万人以上，城镇调查失业率 5.5% 左右；居民消费价格涨幅 3% 左右；进出口量稳质升，国际收支基本平衡；居民收入稳步增长；生态环境质量进一步改善，单位国内生产总值能耗降低 3% 左右，主要污染物排放量继续下降；粮食产量保持在 1.3 万亿斤以上；

3. 2021 年 3 月 12 日电，近日，中国科学技术大学张捷教授团队与中国地震局合作，推出世界首个人工智能地晨监测系统——“智能地动”监测系统，可 1 秒内精确估算地震震源机制参数。

4. 2021 年 3 月 16 日电，近日，中共中央办公厅印发《关于做好“光荣在党 50 年”纪念章颁发工作的通知》，这项工作是中国共产党成立 100 周年庆祝活动的重要组成部分，增强党员的荣誉感、归属感、使命感。

5. 2021 年 3 月 20 日，四川省成都市召开的“考古中国”重大项目工作进展会上，通报了四川广汉三星堆遗址重要考古发现与研究成果。三星堆遗址是四川盆地目前发现夏商时期规模最大、等级最高的中心性遗址。

6. 2021 年 3 月 28 日是西藏百万农奴解放纪念日，西藏百万农奴解放纪念馆主馆在西藏博物馆旧址正式开馆，这是我国唯一一个关于废奴运动的纪念馆，是集中反映中国共产党带领西藏各族人民进行伟大民主改革，百万农奴翻身得解放的大型综合性主题展馆。

4 月

1. 2021 年 4 月 6 日，国务院新闻办公室发表《人类减贫的中国实践》白皮书，白皮书指出，改革开放以来，按照现行贫困标准计算，中国 7.7 亿农村贫困人口摆脱贫困；按照世界银行国际贫困标准，中国减贫人口占同期全球减贫人口 70% 以上。

2. 脱贫攻坚期间，我国产业扶贫取得显著成效，成为覆盖面最广、带动人口最多、可持续性最强的扶贫举措。目前，全国建成各类特色产业基地超过 30 万个，每个脱贫县都形成了 2 ～ 3 个特色鲜明、带贫面广的主导产业。

3. 2021 年 4 月 17 日，电视剧《觉醒年代》作品研讨会在北京举办，据介绍，该剧展现了马克思主义在中国的早期传播和中国共产党成立的全过程，揭示了中国共产党的成立是中国历史和中国人民的必然选择。

5 月

1. 2021 年 5 月 7 日至 10 日，首届中国国际消费品博览会在海南海口盛装亮相，邀八方来客，汇全球精品。

2. 2021 年 5 月 9 日，中央军委主席习近平给《文史哲》编辑部全体编辑人员回信指出，增强做中国人的骨气和底气，让世界更好认识中国、了解中国，需要深入理解中华文明，从历史和现实、理论和实践相结合的角度深入阐释如何更好坚持中国道路、弘扬中国精神、凝聚中国力量。

3. 2021 年 5 月 11 日，国家统计局、国务院第七次全国人口普查领导小组办公室对外发布：截至 2020 年 11 月 1 日零时，全国人口共 141 178 万人，与 2010 年第六次人口普查的 133 972 万人相比，增加 7 206 万人，增长 5.38%，年平均增长率为 0.53%，比 2000 年至 2010 年的年平均增长率 0.57% 下降 0.04 个百分点。

4. 2021 年 5 月 21 日下午，中央全面深化改革委员会第十九次会议召开，加快实现科技自立自强，用好科技成果评价指挥棒，遵循科技创新规律，坚持正确的科技成果评价导向，激发科技人员积极性。

5. 2021 年 5 月 23 日是西藏和平解放 70 周年纪念日，西藏拉萨、昌都、林芝等地各族各界群众举办多种纪念活动。

6. 2021 年 5 月 26 日电，近日，中共中央办公厅印发《关于在全社会开展党史、新中国史、改革开放史、社会主义发展史宣传教育的通知》，对在中国共产党成立 100 周年之际开展“四史”宣传教育作出安排部署。

6 月

1. 2021 年 6 月 2 日，国务院召开全国深化“放管服”改革着力培育和激发市场主体活力电视电话会议。指出要以“放管服”改革为抓手，持续打造市场化法治化国际化营商环境。市场化方面要力行简政之道，“放管服”改革是刀刃向内的政府自我革命。

2. 2021 年 6 月 3 日电，国务院日前印发《关于深化“证照分离”改革进一步激发市场主体发展活力的通知》，自 2021 年 7 月 1 日起，在全国范围内实施涉企经营许可事项全覆盖清单管理，对所有涉企经营许可事项按照直接取消审批、审批改为备案、实行告知承诺、优化审批服务等四种方式分类推进审批制度改革，同时在自贸试验区进一步加大改革试点力度。

3. 2021 年 6 月 11 日，国家航天局在京举行天问一号探测器着陆火星首批科学影像图揭幕仪式，公布了由“祝融号”火星车拍摄的着陆点全景、火星地形地貌、“中国印迹”和“着巡合影”等影像图。首批科学影像图的发布，标志着我国首次火星探测任务取得圆满成功。

4. 2021 年 6 月 12 日是 2021 年文化和自然遗产日。今年非物质文化遗产展示活动的主题确定为“人民的非遗，人民共享”，突出了非遗保护惠及大众这一特性。

5. 2021 年 6 月 16 日出版的第 12 期《求是》杂志将发表国家主席的重要文章《以史为镜、以史明志，知史爱党、知史爱国》。

6. 2021 年 6 月 17 日 9 时 22 分，神舟十二号载人飞船发射取得圆满成功。飞行乘组由航天员聂海胜、刘伯明和汤洪波三人组成，航天员先后进入天和核心舱，标志着中国人首次进入自己的空间站。

7. 2021 年 6 月 18 日，总书记前往中国共产党历史展览馆，参观“‘不忘初心、牢记使命’中国共产党历史展览”，并带领党员领导同志重温入党誓词。

8. 2021 年 6 月 20 日电，在全党全社会喜迎中国共产党百年华诞，党史学习教育、“四史”宣传教育深入开展之际，中央宣传部新命名 111 个全国爱国主义教育示范基地。此次命名后，全国爱国主义教育示范基地总数达 585 个。

9. 2021 年 6 月 23 日，国家主席向“一带一路”亚太区域国际合作高级别会议发表书面致辞。她强调，共建“一带一路”秉持共商共建共享合作原则，坚持开放、绿色、廉洁、合作理念，致力于高标准、惠民生、可持续的合作目标。

10. 2021 年 6 月 24 日，国务院新闻办发表《中国共产党尊重和保障人权的伟大实践》白皮书。指出，中国共产党的 100 年，创造了尊重和保障人权的伟大奇迹，谱写了人权文明的新篇章。

7 月

1. 2021 年 7 月 1 日，庆祝中国共产党成立 100 周年大会在天安门广场隆重举行，香港社会各界通过举办升旗礼、海陆巡游等多种庆祝活动，庆祝中国共产党成立 100 周年和香港回归祖国 24 周年。

2. 2021 年 7 月 1 日，第 13 期《求是》杂志发表了重要文章《学史明理、学史增信、学史崇德、学史力行》。

3. 2021 年 7 月 4 日 14 时 57 分，经过约 7 小时的出舱活动，航天员刘伯明、汤洪波安全返回天和核心舱，圆满完成出舱活动期间全部既定任务，标志着我国空间站阶段航天员首次出舱活动取得圆满成功。

4. 2021 年 7 月 23 日晚，五环颜色的焰火划过东京的夜空，历经 5 年的漫长等待，全世界的体育健儿再度相聚在一起，第三十二届夏季奥林匹克运动会在东京新国立竞技场开幕。

5. 2021 年 7 月 25 日，“泉州：宋元中国的世界海洋商贸中心”获准列入《世界遗产名录》。泉州成功申遗后，我国世界遗产总数达 56 处。